Gebrauchsanweisung für Polen

Radek Knapp

Gebrauchsanweisung für Polen

Piper München Zürich

Mehr über unsere Autoren und Bücher:
www.piper.de

ISBN 978-3-492-27536-1
4. Auflage 2008

Gesamtherstellung: CPI – Clausen & Bosse, Leck
Printed in Germany

Inhalt

An meine lieben und widerspenstigen Landsleute

Die Lage ist prekär. Westeuropa scheint sich nicht nur für uns zu interessieren, es hat neulich sogar Gefallen an uns gefunden. Nach dem Tiefseetauchen vor den Seychellen, dem Bungee Jumping im Grand Canyon sind jetzt unsere slawischen Landschaften und Städte dran. Polen ist aus unerfindlichen Gründen trendy geworden und will gelobt werden.

Eine gute Nachricht? Ganz sicher sogar. Bedauerlicherweise gibt es auf der Welt kein Land, das man nur loben kann. Frankreich nicht und Amerika schon gar nicht, selbst am Fürstentum Monaco gibt es etwas auszusetzen. Und wir? Wir sind wahrlich nicht Monaco, auch wenn kein Tag vergeht, an dem wir uns das nicht wünschen.

Allein bei unseren deutschen Nachbarn ist man der Meinung, daß die Schwaben die besten Autos der Welt bauen, während die Polen Meister in der Kunst sind, sich diese illegal anzueignen. Wollen wir das bestreiten? Zunächst einmal nicht. Sind wir denn darüber unglücklich? Gewiß. Aber Rechtfertigungen bringen uns nicht weiter. Es ist ja schon schwer genug, einem Westeuropäer beizubringen, warum jeder zweite von uns einen Schnurrbart trägt. Geschweige denn, warum wir im Herbst wie eine Horde Yetis in den Wald stürmen, um auf Pilze Jagd zu machen, als wären es zumindest Austern.

Wenn also wir, meine lieben, widerspenstigen Landsleute, wirklich etwas für unser Land tun wollen, dann sollten wir zeigen, daß wir eine Nation mit Potential sind. Und dieses erkennt man am besten daran, wieviel Selbstkritik wir ertragen können. Denn die Zweifel an unserem Land kann nur das ausmerzen, was sie verursacht hat: Polen selbst, oder Pologne, oder wie man da draußen unsere Heimat sonst zu nennen pflegt.

Und während Ihr, meine lieben und widerspenstigen Landsleute, anbetrachts des soeben Behaupteten nachdenklich die Stirn runzelt, schreitet dieses Büchlein zur Tat, und geht mit gutem Beispiel voran.

Keine Angst vor der slawischen Seele?

Wenn Sie einen Reiseführer über Polen aufschlagen, stoßen Sie auf eine große Anzahl nützlicher Hinweise. Gleich am Anfang erfahren Sie, daß Polen knapp vierzig Millionen Einwohner hat und ihre Zahl seit zwanzig Jahren konstant ist. Ein Stück weiter werden die Danziger Fassaden und Krakaus Kneipen abgehandelt. Kein Reiseführer ohne die Erwähnung des polnischen Papstes oder des Friedensnobelpreisträgers Lech Wałęsa. Zum Schluß wird alles mit ein paar Anekdoten aus dem Leben berühmter Künstler und einem Hinweis auf das Volkstanzensemble »Mazowsze« abgerundet. Am Ende wissen Sie alles, nur nicht eines: Wie ist Polen, wie sind die Polen wirklich? Bedauerlicherweise lernt man kein Land auf der Welt durch einen Reiseführer kennen. Das geschieht nur durch die Überraschungen, die das Land während der Reise einem bereithält. Für Polen gilt das ganz besonders. Sie werden verblüfft sein, wie schön Krakau ist, und wie heftig Warschau sich in die freie Marktwirtschaft verliebt hat. Wie kurz die Miniröcke der Polinnen sein können und wie lang die priesterlichen Kutten. Zweifellos wird man Ihnen in unserem Land auch beibringen, warum die erste Strophe der Nationalhymne »Noch ist Polen nicht verloren« lautet und Polen so glühende Patrioten sind. Kein anderer Staat in Europa verschwand schließlich während der letzten zweihundert Jahre so oft von der Karte Europas, um an einem anderen Ort wieder aufzutauchen.

Und dann das Wichtigste: Sie werden auf Ihrer Reise mit der slawischen Seele Bekanntschaft machen. Über die Polen kann man alles behaupten, und alles wird stimmen. Sie sind passionierte Neinsager, leidenschaftliche Dichter, geborene Schwätzer, finden kinderlose Ehen suspekt und hören dennoch auf die Priester, die keinen Nachwuchs haben dürfen. Sie werden am Ende sogar das laxe Verhältnis der Polen zu Grenzen und Autoritäten besser begreifen – und sie sogar ein wenig dafür bewundern. Wie zum Beispiel die tapfere Schwester von Frederic Chopin, die einst das Herz ihres berühmten Bruders in einem Einmachglas von Paris über mehrere Grenzen unter ihrem Rock in die Heimat geschmuggelt hat. Sie können es heute in der Warschauer Kirche des Heiligen Kreuzes bewundern. Dieses Büchlein hat es sich zur Aufgabe gemacht, Sie auf all das einzustimmen. Aber selbst wenn es tausend Seiten hätte, eines wird es unmöglich schaffen: eine echte Reise ersetzen. Es ist schon viel gewonnen, wenn es Ihre Neugier an dem Land an der Weichsel weckt. Denn eines ist sicher: Es sind immer die Neugierigen gewesen, die sich in Polen am wohlsten gefühlt haben.

Looping beim Landeanflug

Es dürfte heute eine Angelegenheit von allenfalls zehn Minuten sein, die polnische Staatsgrenze zu überschreiten. Für EU-Bürger ist nicht einmal ein Paß notwendig, ein Personalausweis genügt inzwischen auch. Vor 1989, als das Land noch hinter dem »Eisernen Vorhang« lag, war allerdings jeder polnische Grenzübergang ein Hindernis, das man nur dann halbwegs unbeschadet überwinden konnte, wenn man mit geradezu diabolischer Gerissenheit gesegnet war. Aus diesen Zeiten ist in den Köpfen zahlreicher Polen ein Verhaltenskodex erhalten geblieben, an den sie sich heute zwar nicht mehr halten müssen, den man aber einem ahnungslosen Westeuropäer wegen seines geschichtlichen Unterhaltungswertes nicht vorenthalten darf.

1) Beim Anblick der rotweißen Schranken schnell ein Glas Wodka kippen. Niemals jedoch mehr als drei.
2) Den Grenzbeamten niemals als erster ansprechen. Geschweige denn lächeln. Kein Grenzbeamter glaubt, daß Ihre Freundlichkeit aufrichtig ist. Und damit hat er auch recht.
3) Erlaubt ist lediglich eine sachliche Unterhaltung über die Pferdestärke und den Benzinverbrauch des Autos (falls frei von Schmuggelgut). Der Grenzbeamte ist immer ein Autofanatiker, auch wenn er auf einem Flughafen arbeitet. Äußern Sie die Informationen jedoch zurückhaltend. Schnelles Sprechen wird Ihnen nämlich umgehend als Nervosität ausgelegt.
4) Anschließend Schmiergeld oder Geschenke bereithalten.

Heute ist von diesem Kodex nur Punkt 3 übriggeblieben: das Gespräch über das Auto. Es wird allerdings in einem anderen Ton geführt und wird Ihnen zeigen, daß zeitgleich mit dem politischen Tauwetter auch eine Erwärmung der polnischen Grenzbeamten zu verzeichnen ist.

Grundsätzlich haben Sie vier Möglichkeiten, eine polnische Grenze zu überschreiten. Per Straße, Flugzeug, Bahn und Schiff. Ganz selten gibt es sogar eine fünfte. Während eines besonders kalten Winters im Mittelalter etwa war die Ostsee mit einer derart dicken Eisschicht bedeckt, daß man zu Fuß von Schweden nach

Polen gelangte. Augenzeugen berichteten von Wirtshäusern, die auf dem Eis errichtet wurden, damit der müde Wanderer sich aufwärmen und eine Mahlzeit einnehmen konnte

Der Zustand der Straßen in Polen gilt im allgemeinen als nicht besonders gut. Seit dem Beitritt zur EU wird die Infrastruktur kontinuierlich ausgebaut. Schon heute braucht man vom südlichsten Punkt des Landes bis zum nördlichsten (eine Strecke von fast siebenhundert Kilometern) nicht länger als zehn Stunden. Vor 1989 waren es noch über fünfzehn. An europäische Standards wurden auch zahlreiche Bahnstrecken angeglichen. Ein Zug von Krakau nach Warschau braucht heute für die Strecke von etwa dreihundert Kilometern knappe zweieinhalb Stunden. (Glücklicherweise wurden die Fahrpreise nicht an die EU-Standards angeglichen, wodurch die Fahrt umgerechnet nur um die zehn Euro kostet.) Da die Qualität der polnischen Bahn »PKP« (Polskie Koleje Panstwowe) oder der Fluggesellschaft »LOT« (Polskie Linie Lotnicze) sich nicht nennenswert von den westlichen unterscheidet, ist es konstruktiver, sich den Geschichten zu widmen, die allgemein verbreitet werden. Es wird zum Beispiel behauptet, daß der Waggon der polnischen Bahn, in dem sich am meisten erleben läßt, der Speisewagen ist. Zu Zeiten des Kommunismus führte er gewöhnlich nur Essig, Mineralwasser und ein gelangweiltes Personal mit. Zu Zeiten des Kapitalismus ist er hingegen hoffnungslos überfüllt, und die Kellner ähneln aus einem unerfindlichen Grund jenem Mann, der James Bond in »Liebesgrüße aus Moskau« fast zur Strecke gebracht hätte. Angeblich soll der Service der Bahnkellner derart professionell sein, daß ihre Dienstleistungen sowohl das Servieren eines Bigos, eines Sauerkrauteintopfs mit Schweinefleisch, als auch den Geldumtausch nach aktuellem Wechselkurs umfassen. In Wahrheit unterscheidet sich der polnische Speisewagen von – sagen wir – einem italienischen bestenfalls durch die Vorhänge. (Sie sind nicht aus Seide.) Die Speisekarte kann sich sehen lassen, die Preise auch – und was den Kellner angeht, so mag er aussehen wie er will, er knöpft einem das Trinkgeld so charmant ab, daß man sich gern noch ein zweites Bier bestellt.

Was die restlichen Waggons angeht, so geht man mit ihnen nicht gerade zimperlich um. Es wurde einmal sogar behauptet, daß man im Winter in den Waggons knöcheltief durch den Schnee waten müsse. Im Sommer hingegen dürfe man sich angeblich keinesfalls in den letzten Waggon setzen, da er gelegentlich schon mal während der Fahrt verlorenginge. Die polnische Bahn, die verständlicherweise pikiert auf diese Schreckensmeldungen reagiert hat und keine Mühen scheut, wenn es um die Ehre ihres Namen geht, ging diesen bösartigen Verleumdungen auf den Grund: Für das Gerücht mit dem knöcheltiefen Schnee sei ein Neapolitaner verantwortlich, der im Jahrhundertwinter 1997 durch Polen gereist sei und sich so lange an seinem Fenster zu schaffen gemacht habe, bis es sich nicht mehr schließen ließ. Das Gerücht von dem verlorenen letzten Waggon geht auf einen Schulausflug verwöhnter amerikanischer Teenager zurück, die ihre Erlebnisse im Sommer 1996 nach ihrer Rückkehr in die USA derart intensiv verbreiteten, daß ihre Geschichten irgendwann sogar in polnischen Zeitungen landeten.

Nicht viel besser ist es auch den polnischen Fluglinien ergangen. Allerdings waren in ihrem Fall weder ungeschickte Ausländer noch bösartige Landsleute beteiligt. Vor 1989 bestand die polnische Flotte aus russischen Tupolew- und Iljuschin-Maschinen, die bereits einen schlechten Ruf besaßen, noch bevor man sie erbaut hatte. (In den siebziger Jahren hieß sogar ein beliebtes Kinderspiel auf den Straßen Warschaus »Tupolew«. Es war eine Art »Schwarzer Peter«, bei dem der Verlierer auf den Namen Tupolew getauft wurde und sich flach auf den Boden legen mußte.)

Manche der silbernen Vögel russischer Bauart waren in einem jammervollen Zustand, daß sich angeblich sogar Ingenieur Tupolew selbst weigerte, an Bord seiner eigenen Erfindung zu gehen. Nach dem Fall des Eisernen Vorhangs und nachdem sie endlich eine Tupolew hatten untersuchen können, kamen einige amerikanische Fachleute zu dem verblüffenden Ergebnis, daß die russischen Silbervögel regelrechte Wunderwerke an Robustheit waren. Zumal wenn man bedachte, wie selten sie gewartet und wie oft sie über das Limit ausgereizt wurden. Keine Boeing oder McDonnell-Douglas hätte eine solch rüde Behandlung überstanden. Oder, wie es ein Pilot der polnischen Luftlinien einmal ausgedrückt hatte: »Die Tupolews waren für den Kommunismus gebaut worden. Die Boeings können nur im Kapitalismus überleben.«

An diese Maxime erinnerte man sich zehn Jahre später. Das kapitalistische Polen begann damit, kapitalistisches High-Tech in Gebrauch zu nehmen. Sollten Sie also demnächst den Warschauer oder Krakauer Flughafen anfliegen, werden Sie in einer funkelnagelneuen Boeing sitzen. Durch das Ersetzen aller Tupolew und Iljuschin durch westliche Silbervögel sind die polnischen Fluglinien von den geschmähtesten zu den modernsten Europas aufgestiegen. Sogar die Maschinen der Lufthansa oder American Airlines sind um einige Jahre älter. Und was das Können der polnischen Piloten angeht, gibt es einen klaren Qualitätsbeweis: Einmal im Jahr nämlich schlägt das polnische Patriotenherz höher, weil die polnischen Piloten wieder einmal bei den Weltmeisterschaften im Präzisionsfliegen einen Platz auf dem Siegertreppchen errungen haben. Natürlich werden diese Heldentaten in kleinen Cessnas vollbracht. Die Wahrscheinlichkeit, daß Ihr Flugzeug beim Landeanflug auf Warschau eine doppelte Schraube vollführt, um bravourös vor dem Tower zu landen, ist allerdings sehr gering.

Nur nicht anhalten

Über kaum ein anderes Verkehrsmittel ist mehr doziert worden als über das Auto. Genauer gesagt über das, was ihm alles zustoßen kann, wenn ein paar Polen in der Nähe sind. Es dürfte in Deutschland oder Österreich kaum noch einen Menschen geben, der nicht schon mal den Witz »Besuchen Sie Polen – Ihr Auto ist schon dort« gehört hätte. Die Zeitungen, die sich mit fetten Schlagzeilen über Mafia-Aktivitäten dem Thema »Entführung deutscher Edellimousinen« widmen, haben den deutschen Bürger in ein tiefes Trauma getrieben. Die germanische Seele erzittert beim bloßen Auftauchen eines Schnurrbartträgers, der in Ostblockklamotten steckt und unter der Jacke etwas trägt, das sich als ein Vierkantschlüssel entpuppen könnte.

Für den ängstlichen westlichen Autobesitzer empfiehlt es sich daher, seinen Wagen auf einem bewachten Parkplatz abzustellen. Eine Stunde kostet zwischen fünfzig Cent und einem Euro. In den meisten Fällen ist übertriebene Vorsicht jedoch fehl am Platz. Das wird dem ängstlichen westlichen Touristen spätestens dann klar, wenn er zwei Meter weiter auf einem unbewachten Parkplatz eine Limousine stehen sieht, gegen die seine eigene nur der Hauch eines Autos ist.

Die wahren Gefahren lauern nicht auf Parkplätzen, sondern auf den Straßen. Zwar sind die Verkehrsregeln in Polen weitgehend dieselben wie in Westeuropa, aber es gibt da ein paar Abweichungen, die Sie verinnerlichen sollten. Zum einen dürfen Sie sich nicht wundern, wenn Ihr Vordermann an einer roten Ampel rechts abbiegt. Diese Regelung wurde direkt aus Amerika übernommen, wobei nicht entschieden ist, ob das aus Sympathie gegenüber den Vereinigten Staaten geschah oder aus praktischen Gründen. Eine heimische Erfindung hingegen ist die Einführung des Kreisverkehrs, der während der letzten Jahre in enormer Zahl gebaut wurde. Sie werden vor allem in Warschau auf Straßenzüge treffen, wo es Ihnen vor lauter Kreisverkehr schwindlig werden wird.

Bei dieser Kreisverkehr-Regelung handelt es sich um ein Entgegenkommen gegenüber dem polnischen Autolenker, dessen erklärte Philosophie lautet: »Ich fahre lieber eine Stunde im Kreis herum, bevor ich mein

Vehikel auch nur einmal anhalte.« Sie sollten sich auch darauf einstellen, daß Ampeln und Zebrastreifen gelegentlich symbolische Funktion haben. Ein Hindernis werden hingegen die Straßen selbst sein, genauer gesagt der Zustand des Straßenbelags. Zwar sind seit etwa zehn Jahren großangelegte Renovierungsarbeiten angelaufen, aber die Chancen ein überdimensionales Schlagloch zu erwischen, stehen nach wie vor ziemlich gut. Insbesondere in Warschau und auf sämtlichen Landstraßen des Landes sollten Sie mehr auf den Asphalt als auf die Natur ringsumher achten.

Daß Polen wie alle Slawen autobesessen sind, macht sie leider noch lange nicht zu guten Autofahrern. Die polnische Seele gerät jedesmal in Wallung, wenn sie ein Lenkrad in der Hand hält. Allein deshalb wandern pro Jahr im Schnitt an die zehntausend Seelen von der Straße direkt in den Himmel, was trauriger europäischer Rekord ist. Für jene schockierten Amerikaner, die seit 1990 Polen besuchen, sei aber an dieser Stelle hinzugefügt, daß die vielen Kränze und Grabeslichter am Straßenrand oder an den Leitplanken nur symbolischen Charakter haben. Es sind keine Gräber! Auch in Polen werden die Toten ausschließlich auf Friedhöfen bestattet.

Bis jetzt deutet nichts darauf hin, daß die Polen sich hinsichtlich neuer fahrbarer Untersätze in Zurückhaltung übten. Jedes Jahr werden rund zweihunderttausend neue Autos gekauft, die allesamt westlicher Bauart sind.

Mit dem Eintritt in die EU und der Aufhebung des Zolls kam es zusätzlich zu einer Explosion auf dem Gebrauchtwagenmarkt. Allein zwischen Mai 2004 und Dezember 2004 wurde eine Million Gebrauchtwagen importiert; ein Drittel davon war in ihren Heimatländern nicht mehr TÜV-tauglich.

Mit der steigenden Zahl von Autos haben sich zwei Dinge nicht geändert: die an Magie grenzende Fähigkeit der Slawen, Staus zu verursachen, und die Unfähigkeit der polnischen Autolenker, rückwärts einzuparken. Seien Sie also nicht verwundert, wenn Sie zu einem Rückwärtseinparkmanöver ansetzen und Ihr Hintermann selber mit dem Vorderteil in die Lücke schlüpft. Er ahnte nicht, was Sie vorhatten. Und womöglich greift hier zudem eines der ältesten Gesetze der menschlichen Psyche. Zuerst kommt der technische Fortschritt, dann die Manieren.

Ein Ausländer in Polen

Da Sie nun kurz davor stehen, den Polen in ihrem eigenen Land zu begegnen, sollten Sie unbedingt ein paar Dinge über sie wissen. Denn hier haben die Polen ihren Alltag, wohingegen Sie jetzt der Ausländer sind und es bald auch zu spüren bekommen. Die Polen sind nämlich sehr sensibilisiert, was den Umgang mit Ausländern angeht. Eine Eigenschaft, die sie übrigens mit den Westeuropäern teilen – wenn auch mit umgekehrten Vorzeichen.

Im Westen hält man einen Ausländer in der Regel für ein dunkelhäutiges Individuum, das über einen großen Appetit auf deutsche Steuergelder und die diabolische Fähigkeit verfügt, unseren blonden Walküren den Kopf zu verdrehen. In Polen ist das andersherum. Ein Ausländer ist ein edles, großzügiges Wesen, das aus einer Welt kommt, die noch in Ordnung ist.

Das liegt am ausgeprägten Sinn für Gastfreundschaft, einem Markenzeichen der slawischen Seele. Wenn in Polen zu Ihnen jemand *dzien dobry* sagt, was soviel wie guten Tag bedeutet, dann meint er es auch so. Die polnische Ausländerbewunderung hat auch tiefe geschichtliche Wurzeln.

Die vierzigjährige Trennung von Westeuropa verlieh dem Wort »Ausländer« einen geheimnisvollen und reizvollen Beiklang. Wer auch immer damals nach Polen kam, ob es ein französischer Schornsteinfeger oder ein deutscher Briefträger war, es war in erster Linie eine Person aus dem Westen. Also jemand, der zwei Farbfernseher und einen Mercedes Diesel besaß und vor womöglich nicht länger als zwei Tagen echte Schokolade gegessen hatte. Diese vierzig Jahre bedingungsloser Huldigung an den Westen haben bei den meisten Polen eine Menge Pawlowscher Reflexe hinterlassen, unter denen der unerschütterliche Glaube an den guten Fremden nur einer von vielen ist. Es gibt wahrscheinlich kaum ein zweites Land in Europa, in dem die Einheimischen sich selbst so gerne und so oft als Ausländer ausgeben. Würde sich jemand die Mühe machen, alle Anrufe zu zählen, die von vermeintlichen Ausländern täglich in polnischen Ämtern oder Banken eingehen, er würde staunen, wie viele Ausländer es in Polen gibt. Es ist nämlich geradezu ein slawischer Volkssport, sich mit mehr oder weniger gekonnt imitierten, aber um so stärkerem englischen oder französischen Akzent in einem Amt zu melden und dort nach einer Auskunft zu verlangen. Man bekommt auf diese Weise die Auskünfte nicht nur schneller als üblich, es ist auch umgekehrt für den Schalterangestellten oder die Beamtin an der Zugauskunft viel aufregender, John Miller aus Wisconsin behilflich sein zu dürfen als irgendeinem Jan Nowicki aus Mokotow.

Für den Westeuropäer klingt das alles nach einem Märchen aus »Tausendundeinernacht«. Es ist schließlich unüblich, daß Herr Müller sich bei einem Anruf im Münchner Arbeitsamt als Kemal Özdogan ausgibt.

In Polen kann einem demnach kaum etwas Besseres passieren, als ein Ausländer zu sein. Es wäre also kontraproduktiv, sich auf den Straßen Warschaus oder Krakaus als ein Pole durchschmuggeln zu wollen. Sobald Sie die polnische Grenze überschritten haben, wird ein mächtiges Privileg wirksam – nämlich die Tatsache, aus einer anderen Wirklichkeit zu stammen. Sie müssen all jene Dinge nicht tun, auf die die Polen in der Fremde geradezu peinlich achten. Verbergen Sie nicht Ihren Akzent, und zögern Sie keinesfalls, einen Einheimischen nach dem Weg zu fragen. Womit wir schon beim nächsten Thema angelangt wären: die Kommunikation in polnischer Sprache.

Das Komma weiß, wann seine Zeit gekommen ist

Spätestens mit der Frage nach der richtigen Straße, stoßen Sie auf linguistisch unwegsames Gelände. Die polnische Sprache gilt als eine der schwierigsten der Welt und ist obendrein nicht gerade ein schmeichelnder Ohrwurm für das fremde Gehör. Als eine Umfrage in Westeuropa durchgeführt wurde, gaben neunzig Prozent an, Polnisch klinge deshalb so rauh und sogar unfreundlich, weil es über eine überdurchschnittlich große Anzahl an Zischlauten verfüge. (Nur in Portugal war man anderer Meinung.) Außerdem geht das Polnische sehr sparsam mit Vokalen um, was zu halsbrecherischen Wortkonstruktionen führen kann. Nehmen wir zum Beispiel den berühmten Zungenbrecher:

Chrząszcz brzmi w trzcinie (bitte aussprechen:

Chschonschtsch bschmi w tschtzinje), was frei übersetzt heißt: Ein Käfer zirpt im Schilf. Sie können es auf der Fahrt von Berlin nach Warschau üben. Sechs Stunden dürften gerade ausreichen.

Polnisch gehört ebenso wie Deutsch oder Französisch zur Familie der indogermanischen Sprachen. Und dort wiederum in den slawischen Sprachzweig. Falls Sie jedoch zu jenen seltenen Deutschen gehören, die Russisch sprechen und damit hoffen, in Polen durchzukommen, muß man Sie enttäuschen. Russisch verhält sich zu Polnisch so wie Englisch zu Deutsch. Die Chancen, einen Tschechen zu verstehen, liegen aber schon bei fünfzig Prozent. Darüber hinaus hat das Tschechische für Polen (und umgekehrt) eine einzigartige Komik. Schon allein deshalb müßten polnisch-tschechische Ehepaare zu den bestgelauntesten der Welt gehören. Am besten klappt die Verständigung jedoch mit den Slowaken. In diesem Fall ist nicht einmal ein Wörterbuch notwendig.

Abgesehen von seiner rauhen Schale ist Polnisch eine weiche und plastische Sprache. Wenn man sie mit einem Bild vergleichen würde, käme Chagall ihr am nächsten. Diese Plastizität verdankt das Polnische seiner überdurchschnittlichen Bereitschaft, Wörter aus anderen Sprachen zu übernehmen. Einige Beispiele: Das aus dem Jiddischen stammende Wort »Schickse« hatte sich im Polnischen in eine *sikse* verwandelt. Die Bedeutung ist dieselbe geblieben. Beschrieben wird eine junge Frau, die als unberechenbar gilt.

Einen »Schlauch«, einen »Schlafrock« oder eine »Flaschka« können Sie in einem polnischen Geschäft kaufen, ohne ein Wörterbuch zu bemühen. In Schlesien kann der deutsche Tourist sogar auf ganze Sätze stoßen, die ihm bekannt vorkommen werden. Zum Beispiel: *Bilety rot gestreichowanyn Blaistyftem nie giltują.*

Eine ungewöhnliche Etymologie hat das polnische Wort *prysznic.* Es stammt von dem Namen des deutschen Arztes Vincenz Prießnitz ab, der im neunzehnten Jahrhundert in Gräfenberg einen Waschapparat erfand, »wo Wasser auf den Badenden durch ein Sieb herunterfiel«. Warum die Deutschen diesen Apparat ausgerechnet »Dusche« nennen, während die Polen *prysznic*, wird wohl kaum noch geklärt werden können. Hinreichend erklären läßt sich hingegen, warum man die Deutschen *Niemcy* nennt. Das Wort *Niemcy* kommt von *niemy*, was soviel wie stumm bedeutet. Im Mittelalter bezeichnete man die Deutschen als die Stummen, weil sie kein Wort Polnisch sprachen.

Nach dem Fall des Eisernen Vorhang gab sich das Polnische einem intensiven Flirt mit dem Englischen hin. Während Westeuropa den Anglizismen längst den Kampf angesagt hat, verwandelten sich in wenigen Jahren Polens Restaurants in Lunchplaces, die Geschäfte in Supermarkets und die Beamten in *emplojers.* Nicht zu reden von geheimnisvollen Institutionen wie der Beautycompany, dem Beersalon oder Xerox.

Diese Toleranz fremden Einflüssen gegenüber, die

gelegentlich in eine bedenkliche linguistische Sorglosigkeit ausufert, kommt der spielerischen Mentalität der Slawen entgegen. Sie bringt einerseits viel Unkraut hervor, andererseits macht sie die polnische Sprache noch biegsamer und flexibler. Wenn die Slawen ein Wort in den Mund nehmen und es anschließend wieder herauslassen, dann bedeutet es etwas anderes als zuvor. Das ist eine Eigenschaft, über die sich insbesondere Dichter und Liedermacher freuen. Einer der Nutznießer dieser »Flexibilität« war auch der polnische Arzt Ludwik Zamenhof, dem dieses Gestaltungsvermögen sehr beim Erfinden der künstlichen Sprache »Esperanto« hilfreich war. Eine restriktive Sprachbehandlung wie beim Nachbarn Deutschland wäre in Polen unmöglich. Sogar die polnischen Sprachhüter, etwa der polnische Wissenschaftler Professor Miodek, geben zu, daß die Sprache keine Drehbank sei, an der man alle paar Jährchen die Schrauben nachziehen kann. Sie ist vielmehr lebendiges Gebilde, und wer, wenn nicht unsere Sprache, wird von uns Zeugnis ablegen, wenn wir nicht mehr da sind. In Polen wird man also noch lange auf die erste Rechtschreibreform warten. Zu tief verwurzelt ist der Glaube an die selbstreinigenden Kräfte der Sprache. Anders ausgedrückt: Wozu ein Komma künstlich entfernen? Er wird schon von selbst verlorengehen, wenn seine Zeit gekommen ist.

Aus demselben Grund haben Polen einen großen Respekt vor Fremdsprachen. Hier gilt der strikte

Grundsatz »Sprechen und sprechen lassen«. Im Kino werden Sie in ganz Polen immer nur Filme in Originalsprache finden. Das Synchronisieren ist verpönt. Darüber hinaus beherrscht heute schon jeder dritte Pole eine Fremdsprache. Das ist meistens Englisch oder Deutsch. Besonders erfreulich ist die Entwicklung unter den Jugendlichen. Bis sie dreiundzwanzig Jahre alt sind, sprechen bereits achtzig Prozent eine Fremdsprache. Vor zwanzig Jahren waren es zum Vergleich nur etwa zehn Prozent. Damals war allerdings die führende Fremdsprache Russisch. Heute überwiegt in allen Altersgruppen Englisch und Deutsch.

Verständlicherweise hören es die Polen gern, wenn Ausländer ihre Sprache beherrschen. Doch im Gegensatz zu den Italienern machen sie sich keine Illusionen. Sie wissen, daß Polnisch fast so schwer zu lernen ist wie die Allgemeine Relativitätstheorie. Man ist schon froh, wenn der Gast das eine oder andere Wort nicht allzu verstümmelt wiedergibt. Ein paar polnische Worte sollten Sie sich sicherheitshalber einprägen. »Wodka« oder »Chopin« gelten aber nicht. Das erste kennt jeder, das zweite ist nicht polnisch. Aber wenn Sie es schaffen zu sagen: *Polska to wspaniały kraj* (Polen ist ein wunderbares Land), sind Sie der Star des Abends und werden fürstlich belohnt. Zuerst mit einem Wodka und dann mit einer Etüde von Chopin.

Das Hongkong Osteuropas

Die Ankunft in Polen wird Sie vor eine schwere Wahl stellen: In welcher Stadt soll nun eigentlich die Reise beginnen? Immerhin unterscheiden sich die Städte Polens sehr voneinander. Die Unterscheidungskriterien sind dabei anders als in Italien oder Frankreich. Es gibt Städte, die vom Krieg zerstört und danach wieder aufgebaut worden sind. Dazu gehört Warschau, das von den eigenen Bewohnern ironisch als Hongkong Osteuropas bezeichnet wird.

Wenn man die Karte Polens betrachtet, wird man feststellen, daß die geographische Lage Warschaus einer Hauptstadt würdig ist. Während Rom am unteren Teil des italienischen Stiefels angesiedelt ist und Berlin im äußeren Osten Deutschlands liegt, ist Warschau ideal im

Zentrum des Landes plaziert. (Auch die geographische Mitte Europas liegt nur wenige Kilometer von Warschau entfernt.) In welche Richtung Sie dann auch immer weiterfahren, es bleiben an die vier Stunden bis zur Landesgrenze.

Um die Gründung Warschaus rankt sich eine Legende, die auf einem Wortspiel beruht. Einst lebten in einer kleinen Hütte an der Weichsel der Fischer Wars und seine Frau Sawa. Eines Tages verlief sich ein Prinz während einer Jagd und konnte nicht mehr zu seinem Schloß zurückfinden. Da erblickte er die Hütte von Wars und Sawa, die ihn bewirteten und ihm ein Obdach gewährten. Aus Dankbarkeit schenkte ihnen der Prinz die umgebenden Ländereien. Und von da an wuchs um die Hütte von Wars und Sawa eine Ortschaft, die schließlich zu jenem Warschau wurde, das man heute kennt. In Wirklichkeit wurde die Gegend des heutigen Warschau vor etwa siebenhundert Jahren zum ersten Mal besiedelt.

Im Jahre 1596 verlegte König Zygmunt Waza III. den Sitz der Hauptstadt von Krakau nach Warschau. Was vorerst nur als provisorische Maßnahme gedacht war (der König hatte es von hier näher zu den Schweden, mit denen er Verhandlungen führte), wurde bald endgültig. 1613 wurde Warschau offiziell die Hauptstadt Polens und galt schon damals als eine Stadt, in der es immer zu eng war und in der zu wenig gebaut wurde. Der mittelalterliche Spruch: »Wenn die Katze an der

Schwelle sitzt, wedelt ihr Schwanz schon im Nachbarhaus«, fand hier in jedem weiteren Jahrhundert bis heute Bestätigung. Vielleicht lag es gerade an diesem notorischen Platzmangel (man mußte die Stadt mit feindlichen Besatzern teilen), daß ausgerechnet in Warschau die wichtigsten Volksaufstände in der polnischen Geschichte losbrachen. 1794 griffen die verzweifelten Warschauer unter der Führung eines Schuhmachers namens Jan Kilinski zu den Waffen und jagten die Truppen der russischen Besatzer aus der Stadt. Bedauerlicherweise verbündeten sich die Russen mit Preußen und eroberten Warschau wieder zurück. Der Befreiungskampf gegen das feindliche, russisch-preußische Tandem wurde zu einem wiederkehrenden Motiv. Von da an war die Geschichte Polens eng mit der ihrer Hauptstadt verknüpft. Was in Warschau geschah, hatte Auswirkungen bis ins kleinste Nest im Tatragebirge. Nur sechsunddreißig Jahre später, im Jahr 1830, brach der Novemberaufstand los, der für die Polen eine besondere Bedeutung hatte. Er hatte einen ähnlichen Ausgang wie der erste, aber er zementierte das erwachende Nationalbewußtsein der Polen derart, daß eine endgültige Befreiung nur eine Frage der Zeit schien.

Die zahlreichen Aufstände und Partisanenkämpfe machten die Polen auf Dauer zu Spezialisten des »Hinterhalts« und des zivilen Ungehorsams. Nach nunmehr zweihundert Jahren ließen sich daraus ein paar Charaktereigenschaften ableiten, die einem heute typisch slawisch vorkommen könnten. Heute ist man sich weitgehend einig, daß es nicht so weit gekommen wäre, wenn der vielleicht tragischste Befreiungsversuch in der Geschichte Warschaus nicht gescheitert wäre. Der Warschauer Aufstand im Jahr 1944 verlief aber nicht nur deshalb tragisch, weil zum Großteil Zivilisten gegen eine hochtechnisierte Militärmaschinerie des Hitlerdeutschlands kämpften, sondern weil sie von ihren Verbündeten in letzter Minute im Stich gelassen wurden. Die Panzer der Roten Armee standen bereits am anderen Ufer der Weichsel und hätten jederzeit eingreifen können. Doch um Polens Position bei künftigen Verhandlungen nach Kriegsende zu schwächen, griffen sie nicht ein und ließen den Warschauer Aufstand ausbluten.

Nach dem Ende des Zweiten Weltkrieges wurde Polen daher mit dem Kommunismus zwangsbeglückt. Und Warschau mit dem Kulturpalast. Die Sowjets verschenkten solche architektonischen Monster mit einer Leichtigkeit als handelte es sich um Einwegkugelschreiber. In den fünfziger Jahren, als man noch zehn Jahre brauchte, um eine Würstchenbude aufzustellen, gelang es ihnen, in drei Jahren eines der höchsten Gebäude der Welt hochzuziehen. 3500 importierte russische Arbeiter nahmen zuerst zwecks »Materialgewinnung« die letzten übriggebliebenen Biedermeierzinshäuser auseinander und setzten sie dann zum Kulturpalast zusammen. Nachdem das »Symbol der sowjetisch-polnischen Freundschaft« fertiggestellt war, war man sich in Warschau sofort einig: »Warum ist der schönste Platz Warschaus die Aussichtsterrasse des Kulturpalastes? Weil man von dort den Kulturpalast nicht sehen kann.«

Wenig später machte der erste Selbstmörder von der Aussichtsterrasse Gebrauch. Paradoxerweise war es kein Pole, sondern ein Franzose. Der ganze Ostblock zerbrach sich damals den Kopf, wie dieser Klassenfeind es über die Grenze nach Polen geschafft hatte. Über den Sprung wunderte sich hingegen kaum jemand.

Heute schützt ein großes Gitter Sprungwillige an ihrem Vorhaben, aber versöhnt ist man mit dem Kulturpalast noch immer nicht. Es gibt häufige, heftige Debatten darüber, was mit dem Ungetüm angestellt werden soll. Zu häßlich, um es stehen zu lassen, und zu groß, um es abzureißen. Seit einigen Jahren mehren sich jedoch die Stimmen und die Anzeichen, daß der Kulturpalast es doch irgendwie geschafft hat sich in die Herzen der Warschauer hineinzuschmuggeln. Pünktlich zum Millennium hatte man oben im Turm eine Uhr eingebaut und damit womöglich zu verstehen gegeben, daß die Zeit des Kulturpalastes noch lange nicht abgelaufen ist.

Wenn Sie durch die Straßen Warschaus schlendern, wird Ihnen rasch auffallen, wie diese Stadt die Zerstörung durch den Zweiten Weltkrieg (neunzig Prozent der Bausubstanz war ausgelöscht worden) in einen Vorteil umzumünzen versuchte. Außerhalb des Zentrums wurde sie nach dem Muster einer amerikanischen Stadt wiederaufgebaut. Die Straßen sind breit angelegt, es gibt überdimensionale Kreuzungen und große Betonsiedlungen, in denen heute nahezu die Hälfte der Warschauer wohnt. Die schönste Straße im Zentrum Warschaus, die Neue Welt, ist allerdings eine getreue Rekonstruktion aus der Vorkriegszeit. Sie mündet in die Warschauer Altstadt, der man es ebenfalls nicht ansieht, daß sie nur vierzig Jahre alt ist.

Da Warschau sich über eine verhältnismäßig große Fläche erstreckt, sollten die Verkehrsmittel, mit denen Sie sich bewegen, gut überlegt sein. Einen Besichtigungsspaziergang können Sie in Warschau nur dann leisten, wenn Sie ein Marathonläufer sind. Die einfachste Lösung ist ein Taxi, wobei die Warschauer Taxifahrer nicht unbedingt ein Ausbund an Freundlichkeit sind. Man kann an einen geraten, der zwar ein Gott der Höflichkeit und Kompetenz ist, man kann sich aber auch leicht einen hartgesottenen John-Wayne-Fan einfangen. Im zweiten Fall werden Sie fünfmal um den Häuserblock gefahren und dann mit einer Rechnung beglückt, von der Sie noch Ihren Enkeln erzählen werden.

Das schnellste Verkehrsmittel ist die Straßenbahn. Die Busse leiden hingegen noch etwas unter ihrem schlechten Image aus der kommunistischen Ära, als die Fahrer sich öfter mal verfuhren oder Haltestellen mit Hunderten Wartender schlicht ausließen. Heute ist davon nicht mehr die Rede, aber die Fahrt mit einem Bus um die Mittagszeit dürfte vor allem eine Attraktion für

Physikstudenten sein, die in natura beobachten wollen, wie die Fahrgäste trotz der Gesetze der Fliehkraft in den scharfen Kurven so geschickt auf engstem Raum balancieren, daß niemand dem anderen auf die Füße tritt. Der Rolls Royce unter den »Öffentlichen« ist die Warschauer U-Bahn. Sie ist zwar immer noch im Bau, aber dafür bietet sich dort ein Bild wie aus einem amerikanischen Hollywoodfilm: Männer in Anzügen und Aktentaschen studieren die polnische Ausgabe des »Wall Street Journals«. Junge attraktive Frauen studieren ihrerseits aufmerksam die Männer in ihren Anzügen.

Wenn Sie auf Ihrer Stadttour verschnaufen möchten, können Sie ruhig das machen, was alle Touristen von jeher auf der ganzen Welt tun: sich eine Bank suchen oder in einem Cafe vorbeischauen. Während der letzten zehn Jahre hat sich die Anzahl der Lokale, angefangen bei McDonalds bis hin zum Luxusrestaurant, verzehnfacht. Die teuren Restaurants sind zumeist auf ausländische Geschäftsleute oder polnische Neureiche eingestellt. In solchen Lokalen herrscht gelegentlich das, was man als »steife Stimmung« bezeichnet. Da hilft es auch nicht viel, wenn ein Wildragout von zwei Kellnern, die Totengräbern ähneln, zu den Klängen eines Bossa Nova gereicht wird. In Studentencafés werden Sie sowohl gutes Essen als auch angenehme Atmosphäre vorfinden. Auch wenn ihre Namen etwas gewöhnungsbedürftig klingen – »Schwanensee«, »Zwischen den Beinen« oder »Sanfter Barbar« –, sollten Sie sich nicht abschrecken lassen.

Hingegen vertraut werden Ihnen die Namen vorkommen, die man auf den Dächern der neu gebauten Hochhäuser sieht. Dort findet man in großen Neonbuchstaben die Worte Marriott, Hilton oder Hypo-Vereinsbank. Und tatsächlich bürgt das Marriott in Warschau für die gleiche Qualität wie in Paris oder London. Wie in jeder anderen Filiale gibt es auch hier ein höfliches, professionelles und gestreßtes Personal. Im letzten Stockwerk befindet sich der obligate Swimmingpool, welchen man nur in Gesundheitslatschen betreten darf. Über dem Zimmerbett segelt die gleiche träge Möwe über dem Ozean und hält vergeblich nach etwas Ausschau, das sie aus ihrer Lage befreien könnte. Nur in der Minibar rettet den Gast eine hohe Anzahl von Wodkafläschchen vor der Eintönigkeit. Das einzige, was hier aus der Reihe tanzt, sind die Preise. Da Luxus für die Polen noch etwas relativ Neues ist, kostet ein Einzelzimmer schon allein deshalb ein bißchen mehr als im Westen.

Viel gemütlicher und angenehm chaotisch sind die Hotels, die einst zur berühmten Tourismuskette »Orbis« gehörten. Früher waren es Absteigen für hohe Parteibonzen und gelegentlich mußten die Räumlichkeiten auch als Partyräume herhalten. Da früher niemand so exzessiv zu feiern verstand wie die Kommunisten, erinnern die Foyers dieser Hotels an Lagerhallen, die heute noch nur darauf zu warten scheinen, mit Girlanden geschmückt zu werden. Sie erkennen solche Hotels schnell an ihren protzigen Fassaden, die mit Skulpturen aus den Zeiten des Sozialistischen Realismus versehen sind. Innen jedoch ist nur noch wenig von den alten Zeiten geblieben. Der Lift ist kein enger Kasten mehr, in den sich allenfalls zwei Leute auf einmal hineinzudrängen versuchten, sondern ein heller und freundlicher Ort, dessen Messingtafel ebenso glänzt wie die Knöpfe an der Uniform des Portiers.

Über dem Zimmerbett hängt dann keine Möwe, sondern ein abstraktes Gemälde, das wahrscheinlich die finanziellen Nöte des Hoteldirektors versinnbildlichen soll. Denn die Preise liegen weit unter dem Niveau der westlichen Hotels, und das müssen sie auch, wollen sie dem Konkurrenzdruck standhalten. Dabei bieten sie dem Gast etwas, das die modernen Paläste des Tourismus niemals im Repertoire haben werden. Sobald Sie ihr müdes Haupt auf dem Kissen eines ehemaligen »Orbis«-Hotels betten, sollten Sie sich eines klarmachen. Ganz sicher hat einst in ihrem Bett ein kommunistischer Parteibonze übernachtet, und womöglich hat er dort den süßen Traum von der Einführung der Planwirtschaft geträumt.

Den Warschauern sagt man heute in Polen dasselbe nach wie den Römern oder den Parisern. Sie seien arrogant, herablassend, schlichtweg anders. Bei den Warschauern allerdings kommt ein ungewöhnlicher Umstand hinzu: Die meisten Warschauer kommen nicht aus Warschau. Einen Warschauer also, der von sich sagen kann, sein Großvater stamme aus Warschau, gibt es so gut wie gar nicht. Nach dem Zweiten Weltkrieg, in dessen Folge die Bevölkerung der Stadt von 1,2 Millionen auf vierhunderttausend dezimiert wurde, war man gezwungen, sich die neuen Warschauer auf dem polnischen Lande zu suchen. Heute ist die Zahl der Warschauer auf zwei Millionen angestiegen – wenn man die Ukrainer und Russen nicht dazurechnet, die auf dem Weg in den goldenen Westen auf dem Zentralbahnhof übernachten und mit dem Verkauf verblüffend billiger DVD-Filme ihren Unterhalt bestreiten. Dank ihrer robusten Herkunft sind die Warschauer nur halb so neurotisch, wie sie es eigentlich sein müßten. Immerhin haben sie während der letzten zwanzig Jahre den nächsten Schnellkurs in Sachen »Geschichte am eigenen Leib erfahren« heil überstanden.

Der Warschauer ist eine Spezies, die ständig mit offenem Mund durch die eigene Stadt läuft und kaum etwas wiedererkennt. Aus den berühmten Milchbars, in denen Generationen von anämischen Studenten ihr Mittagessen zu sich nahmen, sind jetzt Gucci- und YSL-Geschäfte geworden. In den Kinos, wo die Kinder vor dreißig Jahren »Pippi Langstrumpf« und »Der karmesinrote Pirat« atemlos verfolgten, serviert man heute amerikanische Pizza und Chicken McNuggets. Wen wundert's, daß die berühmte Kontaktfreudigkeit der Warschauer in der letzten Zeit einen leicht angestrengten und gar hysterischen Zug angenommen hat.

Einmal wurde ich Zeuge einer Szene in einem Auchan-Supermarkt, die bedauerlicherweise nicht filmisch festgehalten wurde: Ein blonder, etwas mürrisch wirkender Holländer reihte sich in die Warteschlange an der Kasse ein, als er bemerkte, daß auf der Kaffeepakkung, die er in der Hand hielt, nicht eindeutig aufgeführt war, ob er Koffein enthielt oder nicht. Der Holländer beging daraufhin den verhängnisvollen Fehler, sich zu seinem Hintermann umzudrehen, um ihn in gebrochenem Englisch zu fragen, ob der Kaffee Koffein enthielte. Nachdem der Hintermann die Packung gründlich untersucht hatte, wandte er sich seinerseits an seinen Hintermann. Und so ging es die ganze Schlange durch, wobei sich die Schlange einig wurde, diese Packung symbolisiere exakt das polnische Parlament – viel Gerede und keine Information. Schließlich wurde eine »Regalhilfe« herbeigerufen, die jedoch außer ihrer Bluse, auf der »Womit kann ich dienen?« stand, nichts zu bieten hatte. Der Holländer hatte sich inzwischen ein neues Päckchen Kaffee geholt und es diskret an einer anderen Kasse bezahlt. Als er längst draußen war, wurde gerade die Filialleiterin zu ihrer Meinung bezüglich des Koffeingehalts befragt.

Krakau als Kulturkneipe

Reisende müssen nicht lange in Krakau herumspazieren, um festzustellen, daß diese Stadt das genaue Gegenteil von Warschau ist. Wenn Warschau das Hongkong Osteuropas ist, so ist Krakau sein Wien. Das einzige, was diese leibhaftigen Gegensätze augenscheinlich miteinander verbindet, ist die Weichsel. Ansonsten bestehen zwischen beiden Städten viele Unterschiede, die die jeweiligen Einwohner nicht oft genug betonen können.

Falls Sie genau wissen wollen, worin der Unterschied denn besteht, müssen Sie nur einen jener Krakauer befragen, die in der Mittagssonne auf dem Haupt- und Marktplatz, dem Rynek, einen Cappuccino trinken. Er wird mit allergrößter Wahrscheinlichkeit sagen, daß der

Unterschied zu Warschau schon an den Wahrzeichen beider Städte zu erkennen sei.

Während Warschau mit seinem Kulturpalast protzt (wenn das auch eher ein unfreiwilliges Protzen ist), ist Krakaus Wahrzeichen so stilvoll und dezent, daß man es nicht mal sehen kann.

Wenn Sie auf dem Rynek stehen, sich womöglich gerade die Tuchhallen (Sukiennice) ansehen, in denen seit dem vierzehnten Jahrhundert eifrig Handel mannigfacher Art betrieben wird, und an Ihrem Mineralwasser nippen, könnten Sie plötzlich von einem lauten Trompetenstoß aus Ihrer Kontemplation gerissen werden. Sie werden aber nirgendwo einen Trompeter sehen. Er versteckt sich oben auf dem Turm der schönsten Kirche des ganzen Landes, der Marienkirche. Während im Innern die Gläubigen vor einem Altar von Veit Stoß beten, spielt er zu jeder vollen Stunde eine Melodie, die merkwürdig abrupt endet. Dieses abrupte Ende ist nicht zufällig. Laut der Legende wollte einst ein mutiger Bürger die Stadt vor einem Tatareneinfall warnen. Da er in dem Moment nur eine Trompete zur Hand hatte, stieg er damit auf den höchsten Turm. Er blies so lange Alarm, bis er von einem feindlichen Pfeil getroffen wurde. Er hatte für das kurze Musikstück mit seinem Leben bezahlt, aber er hatte die Stadt gerettet.

Diese Geschichte deutet etwas an, das niemand in Krakau laut ausspricht – aber gewiß denkt: Man hat zwar die Hauptstadt von Krakau nach Warschau verlegt, aber sie ist dennoch in Krakau geblieben. Hier liegen schließlich die großen Könige und Dichter begraben. Hier steht die Burg Wawel und eine der ältesten Universitäten der Welt. In Krakau hat man sich nicht nur erfolgreich einem Kulturpalast verweigert, sondern gibt auch ständig seiner heimlichen Neigung nach: der Liebe zur k.u.k.-Monarchie.

Während die Warschauer unter der russischen Besatzung stöhnten, blühte das Galizien des Kaisers Franz Joseph auf. Man baute Häuser, Cafés, die jenen in Wien ähnelten, und sogar der Zug brauchte im Jahr 1910 von Krakau nach Wien fünf Stunden, und nicht wie heute sieben.

Seit diesen Tagen träumt Krakau von der Vergangenheit, als wäre es eine bevorstehende Zukunft. All jene, die aus Wien kommen, können diesen Traum in Krakau mitträumen, schon allein deshalb, weil sie eine Extrabehandlung bekommen. Es fängt damit an, daß man einen Wiener in einem Restaurant anders bedient als einen Normalsterblichen. Er erhält seinen Espresso ein wenig schneller und für den Fall, daß er einen Strafzettel bekommen hat, ist er auch besser dran. Bei Autos mit deutschen oder französischen Kennzeichen findet sich hinter der Windschutzscheibe in aller Regel eine Fünfzig-Złoty-Strafe – bei Wiener Kennzeichen hingegen eher ein Prospekt des Nationalmuseums mit den besten Grüßen des Bürgermeisters.

Von der magischen Kraft der k.u.k.-Monarchie

berichten selbst österreichische Schauspieler. Wenn sie etwa vor einem Fernsehinterview in die Maske gebracht werden, kann es passieren, daß die Visagistin ihr Gesicht mit der Kraft einer Straßenwalze zu bearbeiten beginnt. Weder Flehen noch Drohen bringen Nachsicht. Wenn allerdings ein Verzweifelter erwähnt, er käme aus Wien, erstarrt die Hand der Visagistin plötzlich in der Luft, um sich alsdann ganz vorsichtig auf die ihr anvertraute Wange zu senken. Sollte jemand wie in diesem Fall von einem Menschen zu einem Wiener befördert werden, ist die Behandlung eine komplett andere, ganz so, als wären die Mimen aus feinstem k.u.k.-Porzellan.

Es ist geradezu logisch, daß sich auch die Kultur und die Künstler im Krakauer Klima wohler fühlen, als im Schatten des Warschauer Kulturpalastes. So entschieden sich auch die beiden polnischen Literaturnobelpreisträger, Czeslaw Milosz und Wislawa Szymborska, für Krakau. Eine Weile lebten sie dort sogar gleichzeitig. Sterben tun die Dichter aber sowieso nie wirklich. Beim Begräbnis von Czeslaw Milosz, dessen Sarg Zigtausende von Krakauern zur letzten Ruhestätte begleitet haben, sagte Wislawa Szymborska: »Er ist tot, aber seine Gedichte werden die hier Anwesenden und ihre Kindeskinder überleben.«

Auf dem Marktplatz steht das Denkmal eines anderen Lyrikers. Des Nationaldichters Adam Mickiewicz. Auf den Sockel ist die Aufschrift gemeißelt: »Adam Mickiewicz – die Landsleute«.

Die Einwohner Krakaus wissen, daß die Vergangenheit das Gegenteil von Vergänglichkeit ist. Sogar die Tauben auf dem Krakauer Marktplatz scheinen zu würdigen, wo sie sich befinden. Sie haben zwar beschlossen, auch hier jeden Touristen als eine potentielle Futterquelle anzusehen, aber sie belästigen niemanden, der gerade ein Buch liest.

Glücklicherweise sind Dichter seit jeher auch nur Menschen. Und diese müssen ab und zu etwas essen und trinken. Es scheint so, als hätte man gerade für die Schreibenden die vielen Kneipen auf dem Krakauer Markt eröffnet. Denn: »Wo Tinte fließt, fließt auch Wein.«

Früher konnte man tatsächlich viele Künstler oder Schauspieler hier antreffen. Heute ist die einzige Kunst, die dort betrieben wird, die Photographie. Und die wird vornehmlich von japanischen Touristen ausgeübt.

Viele Krakauer Kneipen wären dabei nicht nur ein Photo wert, sondern durchaus ein Gemälde. Denn Originalität sollte festgehalten werden. Obwohl es fast unüberschaubar viele Kneipen gibt, ist es doch gelungen, daß sie sich deutlich voneinander unterscheiden. Als in den neunziger Jahren zahlreiche Exilpolen in ihre Heimat zurückkehrten, hatten viele von ihnen nur einen Wunsch: eine Kneipe in Krakau. Daher steht heute ein typisches Pariser Bistro neben einem englischen Pub, ein dezentes Wiener Beisl neben einem Berliner Szenelokal. Und unter allen stechen zwei richtige Edelsteine gastronomischer Kneipenkunst hervor: »Alchemia« und »Singer«. Sie stehen im ehemaligen jüdischen Viertel, und es gibt nicht den geringsten Zweifel daran, daß derjenige, der sie eröffnet und designt hat, selbst ein großer Dichter gewesen sein muß. Sonst könnte die Ausstattung nicht derart märchenhaft sein.

Interessanterweise scheint die Tatsache, daß Krakau bereits eine einzige Kneipe ist, weitere Glücksritter nicht abzuschrecken. Man baut immer weiter fleißig Keller aus oder weicht gar in den achten Stock aus. Ich kann mich auch nicht erinnern, irgendwo sonst ein Lokal gesehen zu haben, das man durch ein anderes betritt.

Aber das womöglich Kurioseste ist, daß die Kneipen immer voll sind. Fast scheint es so, als wären die Tiere im Krakauer Zoo die einzigen, die abends zu Hause bleiben.

Eines Tages traf ich in einem der Krakauer Kaffeehäuser einen bekannten, deutschen Reisejournalisten. Er saß gerade über einem Bier und probierte, wie es sich für einen Touristen gehörte, eine polnische Nationalspeise, deren Namen er nicht aussprechen konnte. Der Mann war das erste Mal in Polen, und er schüttelte, sobald er aus dem Fenster sah, immer wieder den Kopf. Es war mir vollkommen unklar, ob es ihm die Stadt angetan hatte oder ob er sich über seine früheren Vorurteile wunderte. Jedenfalls lautete jeder dritte Satz von ihm, den er merkwürdig leise aussprach, als ob er sich für etwas schämte: »Das ist wirklich einer der schönsten Orte Europas. So etwas haben wir in Deutschland nicht.«

In gewissem Sinn mußte man ihm recht geben: Eine Stadt, die sich so selbst überlassen wurde, gibt es weder in Deutschland noch an einem anderen Ort in Westeuropa. »Authentizität ist nun mal eine delikate Pflanze, die nur von selbst wachsen kann oder gar nicht. Ein Gärtner, der sie mit Gewalt zum Blühen bringen will, wird scheitern«, belehrte er mich und konzentrierte sich zunächst wieder auf sein Bier. Das waren wahrlich goldene Worte. Aber wenn man ihm so zuhörte, geriet man in Versuchung, ihn von seinem Stuhl hochzureißen und ihm noch ein Lokal zu zeigen. Nur eine Stunde von Krakau entfernt steht ein Wirtshaus, in dem man dem Herrn seine schwarze Armani-Krawatte mit einer Schere abschneiden und seinen Polen Aufenthalt um ein weiteres Abenteuer bereichern würde. Dazu kommen wir noch.

Das rettende Ufer der Rückständigkeit

Ein Reisender, der etwas auf sich hält, wird sich natürlich nicht nur mit Städten begnügen. Polen ist flächenmäßig nur um etwa zwölf Prozent kleiner als Deutschland und hat landschaftlich so gut wie alles außer einem südamerikanischen Dschungel zu bieten. Für die Mathematiker unter Ihnen sei zudem angemerkt, daß die gemeinsame Grenze mit Deutschland stattliche 467 Kilometer beträgt, im Gegensatz zu bescheidenen 210 Kilometern mit Rußland. Der höchste Berg Polens heißt Rysy (2499 Meter), der tiefste Punkt unter der Erdoberfläche ist die Höhle Jaskinia Snieżna im Tara-Gebirge (824 Meter unter dem Meeresspiegel). Den geographischen Ignoranten sei an dieser Stelle versichert, daß Polen über ein Meer verfügt. Die Ostsee. Die Gesamtküstenlinie von Swinemünde bis ans Frische Haff beläuft sich auf über sechshundert Kilometer und wird von Sandstränden und seltenen Dünenlandschaften gesäumt. So mancher Strand zwischen Danzig und Stettin würde jeden Südländer vor Neid erblassen lassen – wäre da nicht die Durchschnittstemperatur des Wassers. Es steht jedoch jedem frei, bereits während des nächsten Sommers seinen Körper in den Wellen der Ostsee bei erfrischenden siebzehn Grad zu härten. Trotz dieser Wassertemperatur sind die berühmtesten Kurorte wie Sopot oder Miedzyzdroje völlig überlaufen. Dort verbringen die meisten polnischen VIPs oder Schauspieler ihren Urlaub. Die Preise sind daher dementsprechend happig (etwa wie in der Toskana), und auch in allen anderen Belangen könnte hier die weltweite Verschwörung zur Ausbeutung der Touristen ihren Ursprung genommen haben. Ein anderes Kaliber ist da die alte Hafenstadt Danzig. Danzig gehörte bis kurz vor dem Zweiten Weltkrieg zu dem Verbund »freier Hansestädte«, wo unterschiedlichste Minderheiten friedlich miteinander lebten und nur ein Ziel hatten: Möge ihre Stadt immer so bleiben wie sie ist. Der Zweite Weltkrieg hatte dieser Maxime einen Strich durch die Rechnung gemacht. Danzig, so alt wie der polnische Staat (gegründet um 970), wurde im Krieg zu nahezu neunzig Prozent zerstört, allerdings mit größter Mühe und restauratorischer Sorgfalt wieder aufgebaut. Eins ließ sich dabei aber auch nicht verändern. Die Temperatur und die Verschmutzung des Wassers.

Empfehlenswerter wäre daher ein Sprung in einen der Seen der Masurischen Platte. Das ehemals ostpreußische Gebiet, das mittlerweile insbesondere von zahlreichen deutschen Urlaubern besucht wird, ist nur zwei Autostunden von Warschau entfernt und wird auch romantischerweise als das »Land der tausend Seen« bezeichnet, wobei die Zahl »tausend« nicht wörtlich genommen werden sollte. Seit dem Zweiten Weltkrieg wurden diese Seen bereits zweimal einer offiziellen Zählung unterzogen. Aber nachdem man jedesmal auf eine andere Zahl kam, verzichtete man auf einen dritten Anlauf. Als eine Art geologischer Ausgleich befindet sich im Süden des Landes, eine halbe Stunde von Krakau entfernt, die Bledowska-Wüste. Sie ist nicht nur die einzige Wüste Mitteleuropas, sondern auch eine, in der man nicht vor Durst umkommen wird. Obwohl sie zu achtzig Prozent aus Sanddünen besteht, kann sie in einem halben Tagesmarsch durchquert werden.

Eine der vielen erfreulichen Seiten des polnischen Landes ist auch der Umstand, daß es überall für Touristen zugänglich ist. Wenn Sie an einer Waldlichtung oder einem See Ihre Zelte aufschlagen, wird nicht innerhalb von fünf Minuten ein Bauer mit einer Flinte auftauchen, um Ihnen und Ihren zu Tode erschrockenen Begleitern anzudrohen, Sie in das Reich Ihrer Ahnen zu befördern. Im Gegensatz zu den meisten westlichen Staaten ist das Land in Polen noch kaum privatisiert. Diese Tatsache verdankt man dem ehemaligen kommunistischen

System, dessen Parole lautete: »Alles gehört dem Volk«. Heute darf dem Volk zwar alles gehören, aber wegen der komplizierten Eigentumsverhältnisse ist immer noch erstaunlich wenig Land in privater Hand.

Bedauerlicherweise hatte der Kommunismus nicht viel übrig für das Ökosystem und den Umweltschutz. Anfang der neunziger Jahre galt daher jeder zweite Fluß in Polen als stark verschmutzt, sechzig Prozent der Wälder starben allmählich dahin, und in manchen polnischen Dörfern gingen Geschichten um von Karpfen, die unter Wasser leuchten, oder Hirschen, die Geweihe aus Stahl auf dem Kopf trugen. Mit der Wiedererlangung der Freiheit atmete auch die Natur auf. Nicht etwa, weil der Kapitalismus sich so sehr für die Gesundheit polnischer Karpfen oder Hirsche interessiert hätte, sondern weil er etwas gegen Betriebe hat, die nicht genug Gewinn abwerfen. Aufgrund dieser Tatsache gingen innerhalb von zehn Jahren etwa fünfzig Prozent aller polnischen Fabriken bankrott. Das sorgte zwar für eine hohe Arbeitslosigkeit und Streiks, hatte allerdings den Nebeneffekt, daß die Fische aufhörten zu leuchten und Hirsche nicht länger unter dem Gewicht des eigenen Geweihs zusammenzubrechen drohten.

Mit den zusätzlichen EU-Geldern baute man in den letzten zehn Jahren zahlreiche Kläranlagen und forstete den Wald wieder auf. In dieser Zeit hat sich Polens Natur bereits erstaunlich schnell ein gutes Stück erholt. Braunbären in stattlicher Zahl findet man heute nicht mehr nur im Gehege des Warschauer Zoos. Genauso Wölfe und Luchse. Wenn Sie ein Buch über Polens Flora und Fauna aufschlagen, wird Ihnen schnell auffallen, daß zwei Tierarten eine tendenziell größere Aufmerksamkeit eingeräumt wird als allen anderen. Dem Storch und dem Wisent. Den Störchen, weil ein Drittel ihrer gesamten Weltpopulation im Sommer aus wissenschaftlich nicht geklärten Gründen auf polnischem Gebiet nistet und dadurch das patriotische Herz höher schlagen läßt. Laut Statistik brüten angeblich an die fünfzigtausend Paare der Kinderbringer jährlich auf den Dächern der polnischen Bauernhäuser oder in freistehenden Horsten. Das andere Lieblingstier der Polen ist der Wisent. Diese slawische Variante des Bisons wurde um die Jahrhundertwende im letzten Moment vor seiner Ausrottung bewahrt und ist seitdem die einzige Gattung, die weltweit nur in Polen vorkommt. Sein Porträt kann man übrigens auf dem Etikett des polnischen Grasovka (Büffelgraswodka) bewundern. Angeblich soll der Grashalm, der in jeder Flasche schwimmt, von einem Wisent gerupft worden sein, aber ich würde dafür meine Hand nicht ins Feuer legen.

Einer ganz besonderen weiteren Spezies begegnen Sie, wenn es Herbst wird. Sobald Sie einen beliebigen Wald betreten, werden Sie im Gebüsch ein Wesen wahrnehmen, das sich leicht vornübergebeugt in ständiger Baumnähe aufhält. Die Rede ist vom polnischen Pilzesammler. Der polnische Pilzesammler ist in der

Regel ein fünfzigjähriger, schnurrbärtiger Familienvater bäuerlicher Herkunft. Erkennungszeichen sind ein Taschenmesser, zerschlissener Regenmantel und ein umherirrender Blick.

Nicht zuletzt deswegen hegt man in Westeuropa den Verdacht, daß sich die Lebensbedingungen des polnischen Bauern nicht verändert hätten, seit Heinrich Heine vor zweihundert Jahren vorbeigeschaut hat:

»In diesen kleinen Lehmhütten lebt der polnische Bauer mit seinem Vieh und seiner übrigen Familie, erfreut sich seines Daseins und denkt an nichts weniger, als an die ästhetischen Pustkuchen.«

Jedes Kamerateam, das eine Doku über das polnische Dorf macht, sucht verzweifelt nach einem »ästhetischen Pustkuchen« und den »kleinen Lehmhütten«. Da ein ästhetischer Pustkuchen heute genauso schwer zu finden ist wie eine Lehmhütte, hatte man sich ein Ausweichszenario zurechtgelegt, das in Westeuropa schon zu einem Klassiker aufgestiegen ist.

Im Schatten eines Bauernhauses werden drei alte Bäuerinnen in Nationaltrachten postiert und interviewt, wobei es völlig unwichtig ist, was sie sagen, entscheidend ist, wie gut die Lücken in ihrem Gebiß zu sehen sind. Im Hintergrund holpert inzwischen eine Pferdekarre mit einem gebückten, vermummten Vierschröter durch das Bild, wobei dezent darauf hingewiesen wird, daß es sich um den Schwiegersohn einer der Bäuerinnen handelt.

Nachdem reichlich über das schwere Leben auf dem Lande und das Problem der Stadtflucht gejammert wurde, schwenkt man abschließend auf das Dach der Hütte, um dem Ganzen doch noch eine romantische Komponente abzugewinnen. Dort sitzt startbereit ein Storch, der sofort damit beginnt, vor laufender Kamera seinen frischgeschlüpften Nachwuchs zu füttern und hin und wieder mißtrauisch ins Objektiv zu blicken.

Doch wieder mal spielt sich das wirklich Ungewöhnliche dann ab, wenn die Kamera ausgeschaltet ist. Wer hätte schon vermutet, daß eine der Bäuerinnen sich plötzlich als ehemalige Studentin der Lubliner Universität zu erkennen gibt. Oder daß der Vierschröter mit der Pferdekarre die Tontechnikerin in verblüffend gutem Deutsch anspricht, weil er jeden Herbst an der Mosel bei der Weinlese aushilft.

Die polnischen Dörfer sind längst keine chaotischen, rückständigen Käffer mehr, wo die Leute noch den Mond anbeten und den Gaul vor den Pflug spannen. Im Gegenteil. Achtzig Prozent aller Bauernhöfe sind voll technisiert, und die Hälfte davon entspricht bereits den hohen EU-Standards. Erfreulicherweise ist der polnische Bauer selbst aber noch weit davon entfernt, sich in einen Städter zu verwandeln. Im Gegenteil: Das einzige, was ihn an einem Städter interessiert, ist eventuell der Inhalt seiner Brieftasche. Sie sollten sich daher damit abfinden, daß man Sie als jemanden einstuft, den man getrost über den Tisch ziehen darf, ohne damit ein Verbrechen zu begehen. Schließlich verdienen Sie Ihren Lebensunterhalt mit der Arbeit am Computer und dem Hin- und Herschieben von etwas, das man »Maus« nennt. Sie würden wahrscheinlich nicht mal gegen Bezahlung eine Kuh melken, geben aber ein kleines Vermögen aus, um in einem Fitneßclub Hanteln zu heben.

Diese Kluft zwischen Stadt und Land ist in Polen schon immer größer gewesen als im Westen. Seit der Einführung der freien Marktwirtschaft scheinen sich diese zwei mentalen Welten noch stärker auseinanderzuentwickeln. Das führt allerdings auch dazu, daß gestreßte Manager und Yuppies das rettende Ufer der Rückständigkeit für sich entdecken. Jeder in Polen kennt die Geschichte, in der eines Tages in einem kleinen Dorf unweit von Gdingen ein Privathubschrauber landete. Ihm entstieg ein reicher Industrieller in Armani-Kleidung und ging zum nächstgelegenen Stall. Dort öffnete er seine Brieftasche, legte dem Bauer zweitausend Euro hin und fragte, ob er »eine halbe Stunde lang zur Abwechslung echten Mist schaufeln« dürfe.

Ein derartiges Angebot braucht man keinem Bauer zweimal zu machen. Das polnische Dorf erkennt intuitiv das pathologische Potential des Städters. Heinrich Heine erkannte wiederum das Potential des polnischen Bauern: »Leugnen läßt es sich indessen nicht, daß der polnische Bauer oft mehr Verstand und Gefühl hat, als der deutsche Bauer in manchen Ländern. Nicht selten fand ich beim geringsten Polen jenen originellen Witz, der bei jedem Anlaß mit wunderlichem Farbenspiel hervorsprudelt…«

Eine Variante dieses »originellen Witzes« könnten Sie in der Nähe von Zakopane erleben. Dort steht das bereits erwähnte Wirtshaus (»Zbójecka chata«), das für sein gutes Essen und eine besondere Atmosphäre bekannt ist. Sobald der Gast über die Schwelle tritt, kommt der Wirtshausbesitzer auf ihn zu, um ihn persönlich zu begrüßen. Dann zieht der Mann eine Schere aus der Tasche und schneidet ein Stück von der Kleidung des Gasts ab. Am besten eignen sich dazu Krawatten. Er wirft den Fetzen dann in einen Korb, der in der Mitte des Lokals hängt und bereits voller Krawatten anderer Leute ist. Alsdann geleitet er den Gast persönlich zu seinem Tisch, damit der endlich etwas zu essen und zu trinken bestellen kann.

Es ist ratsam, vorher einen Tisch zu reservieren. Denn das Wirtshaus ist auf Tage ausgebucht. Überall, wo man hinschaut, sitzen selig lächelnde Touristen mit einem Krawattenstumpf um den Hals. Der Reisejournalist, den ich in Krakau getroffen habe, ist sicher auch schon dort angekommen. Wundern Sie sich also nicht, wenn Sie demnächst in der Zeitung lesen: »Fahren Sie nach Polen, Ihre Seele ist schon dort.«

Wie man den Kommunismus kurzschließt

Als der polnische Präsident Lech Wałęsa während eines Staatsbesuchs in England im Buckingham Palast übernachtete, fiel ihm der schlechte Zustand der königlichen Steckdosen auf. Tags darauf machte er beim Dinner die Queen auf den Mangel aufmerksam. Aber entweder hielt die englische Monarchin es für einen Scherz, oder das Englisch des polnischen Präsidenten fiel bei der Aussage etwas undeutlich aus, jedenfalls kam die Warnung nicht an. Wenige Monate später brannte ein ganzer Flügel des Buckingham Palastes wegen schadhafter elektrischer Leitungen aus. Die ganze Welt hielt den Atem an, als die Schreckensbilder über die Fernsehschirme flimmerten. Nur in Polen schüttelte man den Kopf. Vierzig Jahre Kommunismus haben dem polnischen Volk eines beigebracht: Ein guter Elektriker ist Gold wert.

Lange bevor Lech Wałęsa polnischer Staatspräsident wurde, reparierte er elektrische Leitungen auf der Danziger Werft. Der Mann, der heute in den Geschichtsbüchern als Führer der Solidarnośćbewegung und als der Zerstörer des Kommunismus gilt, lebte mit seiner Frau Danuta (die für ihn später den Nobelpreis in Stockholm abholen sollte) in einer winzigen Wohnung in einer Betonsiedlung am Rande Danzigs. Wałęsa hatte anfangs keine politischen Ambitionen – geschweige denn eine Weltrevolution im Sinn. Seine alltäglichen Gedanken kreisten darum, wie man beim Fleischhauer ein halbes Kilo Wurst ergattern konnte; ansonsten pflegte er jene Charaktereigenschaft, die in seinem Namen angedeutet ist. Der Name Wałęsa kommt von dem Verb *wałęsac*, was soviel heißt wie »sich herumtreiben« oder »herumschlawinern«. Abends traf er sich mit seinen Freunden, und am Wochenende ging er angeln.

Eines Tages kam er mit einigen Funktionären der Solidarnośćbewegung zusammen, und die machten ihm einen Vorschlag, den er nicht ablehnen konnte. Bis zu diesem Zeitpunkt behauptete er von sich, »ein fauler Hund« zu sein, danach pflegte er hinzuzufügen, daß »gerade die Faulen das Fahrrad erfunden haben, weil sie keine Lust hatten zu gehen«.

Aber eigentlich war das Fahrrad zu ihm gekommen. Die Solidarnośćbewegung suchte einen Mann aus dem

Volk. Und wer eignete sich besser als ein Arbeiter von der Danziger Werft, dem größten Unruheherd und Widerstandsnest Polens zu Beginn der achtziger Jahre. Von da an hörte der gelernte Elektriker auf, sich herumzutreiben, und half nach Leibeskräften mit, das kommunistische System kurzzuschließen. Der Rest ist Geschichte und in jedem Lexikon nachzulesen.

Der Westen kennt Wałęsa als den brummigen Schnurrbartträger mit Madonnenbild, das er am Jackett trug, an der Stelle, wo die kommunistischen Bonzen ihre Parteiabzeichen hatten.

In Polen erinnert man sich heute weniger an Wałęsas Amtszeit als vielmehr an seine eigenwilligen Aussprüche und sein schauspielerisches Gehabe. Unvergessen bleibt sein Auftritt, als er noch als charismatischer Gewerkschaftsführer die Solidarność-Verträge unterschrieb. Vor die Kameras trat er immer mit einem riesigen Kugelschreiber, der irgendwie an einen monströsen Schraubenzieher erinnerte. Für andere sah er schon damals wie ein Banner aus, das Wałęsas Machthunger symbolisierte. Und Wałęsa wurde tatsächlich der erste frei gewählte Staatspräsident Polens.

Obwohl die Meinungen über seine staatsmännischen Qualitäten bis heute auseinandergehen, ist man sich in einem einig: Seine Regierungszeit war sicher die kurzweiligste. »Ich will nicht, aber ich muß«, so begründete er seine Kandidatur für das Amt des polnischen Präsidenten. Fast jeder in Polen kennt auch seinen denkwürdigen Auftritt in Washington. 1989, als Wałęsa als dritter Ausländer in der Geschichte Amerikas vor dem Kongreß auftreten durfte, ließ er sich zu dem feurigen Versprechen hinreißen, er werde durch Polen mit einer Axt fahren und Ordnung machen. Nur dem Geschick des Übersetzers war es zu verdanken, daß Lech Wałęsa an diesem Tag doch noch zu seinen ersten amerikanischen »Standing Ovations« kam.

Und dennoch waren es weder Lech Wałęsa noch die Solidarność, die dem kommunistischen Regime den Todesstoß versetzten. Beide waren Handlanger des polnischen Volkes, welches über einige nationale Charaktereigenschaften verfügt, die für jedes autoritäre Regime oder eine Diktatur auf die Dauer reines Gift sind. Zum einen ist es das eingefleischte Mißtrauen gegenüber Autoritäten, besonders gegenüber der eigenen Regierung, zum anderen ist da die an Magie grenzende Fähigkeit, Chaos zu erzeugen, wo kurz zuvor noch Ordnung herrschte.

Beide Eigenschaften, die wie zwei Fixsterne am Firmament des nationalen Charakters funkeln, zogen den Kommunisten genauso erfolgreich den letzten Nerv, wie allen anderen Besatzungsmächten zuvor. Und das waren in den letzten zweihundert Jahren nicht wenige. Angefangen bei den russischen Zaren über das Galizien Maria Theresias bis zum Hitler-Deutschland bewiesen die Polen immer wieder, daß sie vom passiven und aktiven Widerstand gleich viel verstehen.

Diejenigen, die das am schnellsten erkannten, waren interessanterweise die russischen Kommunisten. Anders als die deutschen Okkupanten, die in ihrer Naivität an die Macht der Disziplin glaubten, hatten die kommunistischen Apparatschiks bereits von Anfang an ein mulmiges Gefühl, als sie Polen nach dem Zweiten Weltkrieg annektierten. Ihre Befürchtungen, der polnische Boden sei ein ziemlich wackeliges Fundament für eine Weltrevolution, bewahrheiteten sich bald.

Überall sonst schien ja die Sache wie geschmiert zu laufen. In der DDR baute man brav die Mauer, und in Moskau verliebte man sich derart in Väterchen Stalin, daß man in regelmäßigen Abständen ein neues Denkmal zu seinen Ehren aufstellte. (Sogar ein Denkmal des Nationaldichters Puschkin fiel dem Stalinkult zum Opfer, als man statt einer geplanten Puschkin-Skulptur lediglich einen übergroßen Stalin aufstellte, der ein Buch von Puschkin las.)

In Polen jedoch lief von Anfang an alles verkehrt. Da schien man nämlich weder an der kommunistischen Weltrevolution, noch an Väterchen Stalin interessiert zu sein. Wenn irgendwo in Polen ein Stalindenkmal aufgestellt wurde, dann meistens mit einem anderen Resultat als in Moskau. So kam es eines Tages nach einer feierlichen Einweihung eines weiteren Denkmals in Warschau zu einem mysteriösen Vorfall. Dem Führer der marxistischen Weltrevolution wurde über Nacht der rechte Arm gestohlen. Die Polizei hatte alle Mühe, die peinliche Wahrheit zu verschleiern, aber dann hatte irgendwer die rettende Idee. In einem Zeitungsartikel aus dem Jahr 1951 heißt es: »Bereits kurz nach der feierlichen Einweihung begann das Denkmal von Josef Stalin, Risse im Brustbereich aufzuweisen. Es stellte sich heraus, daß die Ursache dafür in den mangelhaften Baumaterialien zu suchen ist, was auch in der Folge dazu führte, daß sich der rechte Arm vom Rumpf löste.«

Der verschollene Arm des Josef Stalin ist nie wieder aufgetaucht. Der »mächtige Führer der Weltrevolution« mußte die meiste Zeit ohne seinen rechten Arm regieren, da die nachträglich angefügten Arme sich spätestens nach einer Woche wieder in Luft auflösten. Das polnische Volk nahm aber nicht nur Sabotagen an toter Materie vor, sondern auch an lebendigen Vertretern des kommunistischen Regimes.

Im kalten Winter 1952 verließen ein paar Parteibonzen, darunter auch ein hochrangiger Minister, eine offizielle Party und schlenderten durch die Warschauer Altstadt. Dabei fiel ihr Blick auf ein Karussell, und sie bekamen große Lust, ein paar Runden darauf zu drehen. Da es zwei Uhr in der Nacht war, holten sie den Karussellbetreiber kurzerhand aus dem Bett und nahmen Platz in den Gondeln. Der Karussellbetreiber setzte das Ringelspiel in Betrieb und suchte Schutz vor der klirrenden Kälte in seinem Kabuff, wo er prompt wieder einschlief.

Vier Stunden später wurden alle Karussellgäste, nachdem sie sich mehrmals übergeben hatten, völlig entkräftet und stark unterkühlt in ein Krankenhaus eingeliefert. Die hinzugezogenen Ärzte stellten fest, daß die vergnügungslustigen Herren sich besonders ernsthafte Erfrierungen an den Zehen zugezogen hatten. Die hohen kommunistischen Funktionäre hatten sich in ihrer Verzweiflung während der Karussellfahrt die Schuhe ausgezogen und damit das Kabuff des schlummernden Karussellbetreibers beworfen.

1980, als in ganz Polen die Solidarnośćbewegung erwachte, konnte man wiederum in einem Bus der Linie 137 Zeuge einer Szene werden, die sich später regelmäßig im ganzen Land wiederholte. Man brauchte nur in einen beliebigen Bus oder eine Straßenbahn einzusteigen, um zu sehen, was sich in Polen zusammenbraute.

Die Leute, die ansonsten übermüdet und gereizt waren, wirkten alle wie ausgewechselt. Sie unterhielten sich miteinander und waren durch eine spezielle Atmosphäre miteinander verbunden, was früher oder später jemanden aufstehen und ein Lied anstimmen ließ. Es war immer ein Solidarnośćlied, und der ganze Bus stimmte sofort mit ein. Jeder, der zustieg, griff augenblicklich die Melodie auf. Über viele Monate hinweg hing etwas Besonderes in der Luft. Es brodelte oben in der Regierung, und 1989 wurde schließlich der runde Tisch einberufen. Rückblickend war es die friedlichste und harmonischste Stimmung, die jemals in Polen geherrscht hatte. Niemand hatte das Gefühl, an einer Revolution teilzunehmen, sondern vielmehr an einem Fest, über dessen Ausgang kein Zweifel bestand.

Wäre General Jaruzelski damals so vorausschauend gewesen, auch nur mit einem einzigen Bus in Polen auch nur eine einzige Station zu fahren, so hätte er begriffen, daß das Ende seiner Diktatur nur eine Frage der Zeit war. Eine zu große Kraft ging von den Leuten aus. Sie hat nicht nur den Bus der Linie 137 zum Singen gebracht, sondern auch später den Eisernen Vorhang einstürzen lassen.

Heute fahren in Warschau noch immer dieselben Busse. Allerdings ist die Beleuchtung heller und die Leute sind inzwischen westlich gekleidet. Niemand spricht mehr mit den anderen so wie damals. Im Gegenteil, vorne sitzt eine Frau mit einer riesigen Tasche von IKEA und starrt durch das Fenster. Hinten gackern ein paar Teenager laut ins Handy. Der Rest wirkt gelangweilt oder liest Hochglanzmagazine. Würde jedoch plötzlich ein Diktator zusteigen, würde sich die Stimmung womöglich schlagartig ändern. Genauso, wie man jetzt bereits erste Anzeichen dafür zu erkennen glaubt, daß in einigen gleichgültig wirkenden Gesichtern über irgend etwas gebrütet wird. Und in einigen steht es sogar deutlich geschrieben: »Langsam wird es Zeit, den Kapitalismus kurzzuschließen.«

Schönes Geld

Wenn das Wort Kapitalismus nun schon gefallen ist, wird es Zeit, Polens Währung unter die Lupe zu nehmen. Immerhin kann das polnische Geld auf eine über tausendjährige Geschichte zurückblicken. Die erste Münze hieß »Denar« und wurde gleich nach der Gründung des polnischen Staates um 970 geprägt. In den folgenden Jahrhunderten durften die Polen ihr Brot noch mit »Dukaten« und sogar einer »Mark« bezahlen. Aber die Währung, die die Menschen seit dem fünfzehnten Jahrhundert begleitet und bis heute ihre Gültigkeit hat, ist der Złoty. Der Name Złoty heißt frei übersetzt »Der Goldene« und wurde nach dem »Goldenen Zeitalter« benannt, in welches Polen zu Beginn des sechzehnten Jahrhunderts in wirtschaftlicher und politischer Hinsicht eintrat. Der Lebenslauf des Złoty erwies sich als abenteuerlich. Perioden, in denen er als eine der stabilsten Währungen Europas galt, wechselten mit solchen, in denen er mehr Nullen hatte als die Agenten des britischen Secretservice. (Hintangehängt natürlich.)

Zu Beginn des zwanzigsten Jahrhunderts verschwand der Złoty sogar kurzfristig von der Oberfläche, um nach dem Ende des Ersten Weltkrieges wieder wie Phoenix aus der Asche aufzuerstehen. In den achtziger Jahren des zwanzigsten Jahrhunderts hatte die Inflation in Polen ein derart groteskes Ausmaß erreicht, daß die gesamte Bevölkerung innerhalb eines Jahres zu Millionären wurde. Ein Brötchen im Jahr 1987 kostete stolze fünftausend Złoty. Eine Tageszeitung zwanzigtausend Złoty. Ein Gebrauchtwagen bereits zweihundert Millionen. Das Durchschnittseinkommen ging allerdings nicht über eine bescheidene Million hinaus. Manchmal nahm das Geld in der Einkaufstasche mehr Platz ein, als die Waren, die man dafür bekam.

Die flexible polnische Bevölkerung wechselte in dieser Zeit reibungslos auf den Dollar über, der zu einer inoffiziellen polnischen Währung wurde. Es wurden sogar spezielle Geschäfte eingerichtet (Pewex), in denen man nur für Dollar einkaufen konnte, und die polnische Staatsbank, die ein Gespür für das Kafkaeske hatte, führte eine Scheinwährung, *Bony towarowe*, ein. Frei übersetzt hießen sie Warengutscheine und hatten den selben Wert wie der Dollar.

Erst in den neunziger Jahren, mit der Ankunft der freien Marktwirtschaft, verschrieb man dem Złoty eine umfassende Gesundheitskur. Der erste frei gewählte Finanzminister Polens gab die Parole aus: »Vom vorgemachten Leben zum gemachten Leben«. Das war allerdings leichter gesagt als getan. Polen war nach dem aushöhlenden, vierzig Jahre andauernden Galopp durch die kommunistische Planwirtschaft ökonomisch am Ende. Die Auslandsverschuldung betrug sagenhafte fünfzig Milliarden Dollar (damals die viertgrößte der Welt), und man konnte den Gläubigern beim besten Willen keine *Bony towarowe* anbieten. Dennoch drückte man die Inflation auf drei Prozent (sie ist bis heute stabil) und strich von der Währung vier Nullen weg.

Aus einer Zehntausender-Banknote wurde ein einfacher Złoty. Der bereits vergessene »Groschen« tauchte aus der Versenkung auf: Hundert Groschen machen heute einen Złoty. (Ein Umstand, über den sich Bertolt Brecht freuen müßte. Immerhin ist Polen dadurch das letzte Land auf einem durch den Euro regierten Kontinent, in dem man die Dreigroschenoper spielen kann, ohne den Jüngeren erklären zu müssen, woher der Titel kommt.)

Heute mag der Złoty seines exotischen Namens wegen in so mancher westlicher Quizsendung als Fangfrage auftauchen, aber er ist zu einer starken und stabilen Währung geworden, deren Inflationsrate die Zwei-Prozent-Marke nicht übersteigt. Seit Jahren kostet ein

Euro umgerechnet vier Złoty, und wahrscheinlich wird er so viel bis zu dem Tag kosten, an dem er diesen ablöst.

Wenn Sie in einem polnischen Supermarkt einkaufen, werden Ihnen einige Nahrungsmittel erfreulich billig vorkommen. Vielleicht liegt das daran, daß man noch an einen aus dem Mittelalter rührenden Grundsatz festhält: »Essen darf nicht teuer sein.«

Ein Kilo Weißbrot kostet umgerechnet dreißig Cent, ein Kilo Kartoffeln vierzig Cent, ein Bier immerhin schon achtzig, womit es wenigstens inoffiziell aus der Kategorie »Nahrungsmittel« hinausfällt. Kein Nahrungsmittel ist auch das Benzin und kostet daher schon fast einen Euro pro Liter. (Allerdings ist im Benzinpreis die Autosteuer bereits mitenthalten.)

Wenn Sie im Kino einen Hollywoodschinken sehen wollen, müssen Sie umgerechnet fünf Euro hinblättern, ein Theaterstück hingegen ist nur unwesentlich teurer. Eine Eigentumswohnung mit etwa fünfzig Quadratmetern beläuft sich auf etwa vierzigtausend Euro. Das alles soll von einem Durchschnittseinkommen von um die fünfhundert Euro im Monat bezahlt werden. Und tatsächlich gelingt das vielen auch auf wunderbare Weise. Trotz des akuten Geldmangels besitzt heute jeder dritte Pole ein ordentliches Auto. Es gibt kaum einen Haushalt, in dem keine moderne Siemens-Waschmaschine in der Küche steht. Im Zimmer des Junior läuft in der Regel auf einem funkelnagelneuen Fernsehgerät den ganzen Tag über MTV, und im Wohnzimmer versucht

Vater, den frischgekauften DVD-Player in Gang zu kriegen. Des Rätsels Lösung heißt indes Kredit. Die Zinsen liegen bei saftigen zehn Prozent, was die Nervosität des polnischen Volkes erklären dürfte, wenn das Monatsende herannaht und die nächste Rate fällig ist.

Im Jahr 1991 lernten die Polen eine Weisheit kennen, die sie nur vom Hörensagen kannten: »Man arbeitet für Geld, aber manchmal arbeitet das Geld auch für einen.« Dieser Ausspruch wurde durch die Einführung zweier marktwirtschaftlicher Instrumente untermauert. Da war zum einen das Glücksspiel, welches bis dahin nur auf polnischen Passagierschiffen gesetzlich zugelassen war und nun auch an Land ausgeübt werden durfte. Zum anderen war da die Wertpapierbörse. Sie startete mit bescheidenen fünf Aktien. Zunächst nur zögerlich frequentiert, wandelte sie sich in eine Art Roulette für den kleinen Mann. 1992 war bereits jeder zweite Pole Aktienbesitzer, und die Gewinne ließen sich wahrlich sehen.

Der Warschauer Index WiG stieg allein in diesem Jahr im Schnitt monatlich um hundert Prozent. Die Privatisierung der Betriebe machte eine nicht näher bestimmte Anzahl von Käufern über Nacht zu (diesmal echten) Millionären. Allein der Aktienkurs der Schlesischen Bank (Bank Slaski) verhundertfachte sich binnen weniger Wochen. Wer einen Złoty investierte, bekam dreihundert zurück. Zum Vergleich stieg in dieser Zeit der Dow Jones in New York um schlappe 1,5 Prozent. Das dürfte einer der wenigen Augenblicke in der Geschichte gewesen sein, in dem sich die Amerikaner wünschten, Polen zu sein.

Nach dem unausweichlichen Krach im Jahr 1993 veränderte sich unwiederbringlich das Gleichgewicht der polnischen Gesellschaft. Nach vierzig Jahren Kommunismus, als alle Bürger gleich viel, oder besser gesagt, gleich wenig hatten, teilte sich Polens Bevölkerung auf einmal in Loser und Gewinner.

Innerhalb weniger Monate verloren Familien ihre gesamten Ersparnisse, auf der anderen Seite wurden aus einigen Taxifahrern, Beamten oder Polizisten wohlhabende Bürger, die schnell das Gehabe frischgebackener Lottomillionäre an den Tag legten. Eine neue Spezies entstand, die auch inzwischen in Westeuropa gut bekannt ist: der Neureiche aus dem Ostblock. Die Abneigung der Polen gegen ihre Neureichen steht der der Westeuropäer in nichts nach. Im Gegenteil. Innerhalb einer auf bescheidenem Fuß lebenden Gesellschaft sind die Stretchlimousinen und Villen, die nur ein betrunkener Harry Potter entworfen haben konnte, der Umgebung ein besonderer Dorn im Auge. Das polnische Kabarett nimmt die polnischen Neureichen aufs Korn mit der gleichen Verve, mit der es sich einst die kommunistischen Parteibonzen vorgeknöpft hat. Aus dem Programm des Kabarettklassikers Marcin Wolski erfuhr man viel über ihr protziges und primitives

Gehabe. Aber auch einiges über ihre übersteigerte Haustierliebe. Wenn Sie vor dem Jahr Zweitausend in einem Warschauer Vorort spazierengegangen wären, hätten Sie sich über die vielen aggressiven Pitbullterrierweibchen gewundert, die die Villen bewachten. Als die Bullterrier billig genug wurden, um auch vom gemeinen Publikum erstanden zu werden – der Pitbull ist heute ein Maskottchen der Fußballfans von Legia Warschau –, stiegen die Neureichen auf ein anderes Tier um. Sein lateinischer Name lautet Iguana. Seine Herrchen nennen ihn Lego, eine liebevolle Abkürzung für Leguan. Sie brauchen sich jedoch bei ihrem Polenaufenthalt weder vor entlaufenen Leguans noch vor ihren Herrchen zu fürchten. Die freie Marktwirtschaft hat wenigstens hier für einen Vorteil gesorgt. Sie hat Polens Neureiche nach Gstaad oder nach Malibu fortgelockt. Während sie dem dortigen Hotelpersonal das Leben zur Hölle machen, können Sie einen entspannten Spaziergang durch Polens Straßen unternehmen und sich bei dieser Gelegenheit eine Kirche aus der Nähe ansehen.

Das Kreuz am Sonntag

Der Besuch einer Kirche in Polen wird für Sie mit einigen Überraschungen verbunden sein. Immerhin besitzt der polnische Katholizismus ein Maß an Intensität, das besonders Westeuropäer bereits seit etlichen Jahren in Erstaunen versetzt. Allein schon der Anblick der Massen, die in die Sonntagsmesse strömen, ist nichts Alltägliches. Der polnische Klerus bemüht sich auf unterschiedlichste Weise darum, daß der Zustrom auch weiter nicht abebbt. Jedes Jahr werden Hunderte von Seminaristen zu Pfarrern geweiht. (Unerreichter Weltrekord sind jene 1196 Kandidaten, die in einem einzigen Jahr, 1991, zu kirchlichen Würden kamen.) Polens Pfarrer predigen aber nicht nur von den Kanzeln das Wort Gottes. Es gibt kaum eine Brückeneröffnung ohne das

Beisein eines Paters, keine Schuleinweihung ohne die mahnenden Worte des Geistlichen. In den Abendnachrichten werden Sie häufig Theologen sehen, die zu Politik, Kultur oder Umweltschutz Stellung nehmen. Der Klerus sitzt auch an unterschiedlichsten Schalthebeln der Gesellschaft, wie etwa in der Jury des namhaftesten Literaturwettbewerbes des Landes, dem »Nike« Preis (vergleichbar mit dem deutschen Büchnerpreis). Auch der konservative Kurs von Johannes Paul II. im Vatikan stärkt der polnischen Kirche den Rücken. Von den insgesamt siebentausend Heiligen, die die katholische Kirche in ihrer Geschichte gekürt hat, kanonisierte allein der ehemalige Kardinal Wojtyła während seiner Amtszeit zweitausend Personen. Jeder zehnte davon war ein Pole.

Als Polen im Jahr 966 zum Christentum überging, deutete noch nicht viel darauf hin, daß das polnische Volk in ferner Zukunft derart intensiv zu Christus und der Jungfrau Maria beten würde. Im Gegenteil, die Taufe wurde nur von der herrschenden Elite angenommen. Das Volk blieb noch jahrhundertelang heidnisch, und so mancher Missionar, der in der Heimat des künftigen polnischen Papstes die christliche Nächstenliebe predigte, zahlte dafür mit dem Kopf. In den späteren Jahrhunderten wurden die Kirchen sogar geplündert und anschließend angezündet, weil die Geistlichen dem Volk mit Steuern und Abgaben allzu sehr zusetzten. (In Polen zahlt man bis heute noch keine Kirchensteuer.)

Der Wendepunkt kam vor etwa zweihundert Jahren, als der polnische Staat aufhörte zu existieren. 1772 beschlossen die Großmächte Preußen, Österreich und Rußland, das geschwächte Polen unter sich aufzuteilen. Von da an wurde Polen zu so etwas wie einer Torte, von der man sich ungestraft ein Stück abschneiden konnte. Und da der Appetit bekanntlich mit dem Essen wächst, bedienten sich die großen drei so lange, bis der Name Polen nur noch auf Denkmälern und Schildern existierte. Da aber die Mächtigen dieser Welt immer schon lieber Landkarten studierten und nicht die Psyche ihrer Untergebenen, konnten sie nicht wissen, was für eine Lawine sie losgetreten hatten. Ein gewaltsam unterdrücktes Nationalbewußtsein verschwindet nur kurzfristig, um an anderer Stelle um so stärker wieder aufzutauchen. Während der darauffolgenden zwei Jahrhunderte fand der polnische Patriotismus an den einzigen Orten Zuflucht, an denen die Besatzungsmächte ihn erduldeten. In den Kirchen.

Es war ein offenes Geheimnis, daß das Volk gerade dort seine geraubte, nationale Identität zelebrierte. Beweisen ließ sich das allerdings nicht. Wie unterscheidet der Unwissende schließlich ein Gebet an die Jungfrau Maria von einem um die Befreiung des Landes? Das Volk kannte den Unterschied.

Die deutlichste Gleichschaltung von Freiheitswunsch und katholischem Gebet trat unter dem kommunistischen Regime zu Tage.

In dieser Phase wurden die Kanzeln zum ersten Mal offen dazu benutzt, um das (atheistische) Regime anzuprangern. Die polnischen Geistlichen, darunter Kardinal Wyszyński, wurden offiziell zu »zersetzenden Elementen der Gesellschaft« erklärt und jahrelang interniert. Eine Schlüsselrolle spielte der charismatische Priester Jerzy Popiełuszko, der wegen seiner oppositionellen Arbeit im Jahr 1984 ermordet wurde. Die Entrüstung der Bevölkerung nahm geradezu revolutionäre Dimensionen an, als der »durch ein Wunder« entkommene Fahrer des ermordeten Geistlichen die Mörder identifizierte. Zum ersten Mal in ihrer Geschichte mußten die kommunistischen Parteibonzen einen öffentlichen Prozeß gegen jene Männer führen, die sie selbst beauftragt hatten. Die beiden verantwortlichen Geheimdienstleute wurden zu langen Haftstrafen wegen Mordes verurteilt. Gerechtigkeit sagten die einen, göttliche Vorsehung die anderen. Seitdem ähnelte das Innere der Stanislaus Kostka Kirche in Warschau, in der Popiełuszko predigte, eher einer revolutionären Brutstätte als einem Hort des Glaubens.

Noch heute übersteigt die Zahl nationaler Symbole wie Fahnen oder Ehrentafeln die der Bilder von Heiligen. Schützenhilfe kam aus Rom. Der polnische Papst, der erste nicht italienische Papst seit 456 Jahren, pilgerte regelmäßig in seine Heimat und predigte demonstrativ von derselben Kanzel wie der ermordete Popiełuszko. Im Sommer 1989 war es endlich soweit. Zum ersten

Mal strömte das polnische Volk in eine Messe, die endlich in einem freien Land stattfand.

Der Fall des Eisernen Vorhangs war für die katholische Kirche jedoch nicht nur ein Anlaß zum Feiern. Praktisch von einem Tag auf den anderen als wesentliches Instrument zur Verteidigung der nationalen Identität nicht mehr benötigt, begann sie wie das ganze Volk unter der unerträglichen Leichtigkeit der neuen Freiheit zu stöhnen. Die Gläubigen schwänzten immer häufiger den Messebesuch, um vierzig Jahre materiellen Zölibats aufzuholen. Die Kirche selbst sah sich plötzlich mit »Sünden« im eigenem Schoß konfrontiert. Nachrichten, die man in Polen bislang nicht gehört hatte, begannen an die Öffentlichkeit zu dringen. Fälle von sexuellem oder materiellem Mißbrauch unter den Geistlichen machten die Runde. Der bekannteste Sünder war der Danziger Prälat Henryk Jankowski. Nach dem Einzug der freien Marktwirtschaft stellte es sich heraus, daß der frühere Beichtvater Lech Wałęsas stolzer Besitzer teuerster Mercedeslimousinen und Veranstalter zweideutiger Partys für Jugendliche war.

Der Ausweg aus der Krise lautete: die Suche nach den ursprünglichen Werten des Christentums. Doch niemand bezweifelt, daß sie heute schwieriger ist als vor zweitausend Jahren, wo die Prediger mit ihrem Kopf bezahlten. Denn: Wer sucht, begibt sich auf Irrwege, das steht in der Bibel. Die Kirche weiß um die Ironie dieser Warnung. Viele ihre Diener längst nicht mehr.

Das einundzwanzigste Jahrhundert begann bereits mit einer weiteren peinlichen Panne. Der orthodoxe Geistliche Rydzyk gründete in Thorn (ausgerechnet in der Geburtsstadt des Aufklärers Nikolaus Kopernikus) den Radiosender »Radio Maria«. Obwohl der Sender auch in offiziellen Kirchenkreisen wegen seiner radikalen Ansichten umstritten ist, besitzt er eine Reichweite, von der Sat.1 nur träumen kann. Das mußte sogar ein Pilot der deutschen Luftwaffe kürzlich zur Kenntnis nehmen. Beim Anflug auf einen Berliner Militärflughafen hörte er statt der üblichen Landekoordinaten ein monoton gemurmeltes »Vater Unser« in polnischer Sprache. Er hat natürlich kein Wort verstanden.

Wozu Wodka wirklich gut ist

Wie lange Sie sich auch immer in einer Kirche aufhalten, eines ist sicher: Irgendwann werden Sie Hunger bekommen. Polens kulinarische Darbietungen haben zwar nie die Vielfalt der französischen oder italienischen Küche erreicht. Dafür trägt Polens Küche ein wenig zu schwer an der majestätischen Last des Fleischgerichts. In letzter Zeit gab es allerdings zahlreiche und mutige Versuche, in die unerträgliche Leichtigkeit des Gemüses vorzustoßen. Die Vorhut bilden vorerst italienische und chinesische Restaurants. In einem zünftigen polnischen Wirtshaus gilt nach wie vor die strikte Formel: »Trau niemals einem Vegetarier«.

Sobald Sie aber eine polnische Spezialität bestellen, wird sich ein großes, slawisches Paradoxon vor Ihnen materialisieren: Polens berühmteste Nationalspeisen heißen nicht nur Ukrainischer Borschtsch (*barszcz ukraiński*) und Russische Pirogen (*ruskie pierogi*), sie sind beide auch noch vegetarisch!

Der Borschtsch ist eine Suppe aus roten Rüben, die Pirogen Teigtaschen mit einer quarkartigen Füllung.

Die dritte berühmte Nationalspeise allerdings ist die Kuttelfleckensuppe (*flaki*). Jene wenigen westlichen Auserwählten, die in den Genuß kamen, diese Spezialität zu kosten, hüllen sich in Schweigen, wenn es um die Beschreibung ihres Geschmacks geht. Und in der Tat ist die Kuttelfleckensuppe nichts für zarte Gemüter. Im Gegenteil, sie hält es mit der Darwinistischen Evolutionstheorie und – bevorzugt nur die stärksten Individuen. Aber jene, die eine erste Begegnung mit ihr überstanden haben, werden bald nichts anderes essen wollen. (Und nicht einmal die Tatsache, daß sie aus Kuhmägen besteht, wird daran etwas ändern.)

Doch gleichgültig, ob Sie tierschonender Vegetarier sind oder Fleischfresser, die Qualität der Nahrungsmittel in Polen übersteigt in der Regel die der westlichen Nachbarn. Die rückständige polnische Landwirtschaft liefert nämlich Lebensmittel, für die man im Westen erst kürzlich das Wort »Bionahrung« erfinden mußte. Eine genmanipulierte Tomate bekommen Sie in Polen nur, wenn »Product of Holland« darauf steht, ansonsten können Sie davon ausgehen, daß das Gemüse genauso gewachsen ist, wie es die Natur einst vorgesehen hat.

Ein Nahrungsmittel gibt es, bei dem die Polen geradezu französischen Esprit entwickelt haben. Und das ist die polnische Wurst. Die Zahl der verschiedenen Sorten ist fast so groß wie die der französischen Käse, und das liegt wohl daran, daß die Polen schon Würste gemacht haben, als in Frankreich die ersten Kühe gemolken wurden.

Die bekannteste Wurst, die die Polen auch über die schweren Zeiten des Kommunismus gebracht hat, heißt treffenderweise *kiełbasa zwyczajna*, frei übersetzt »gewöhnliche Wurst«. Zu der gehobenen Klasse gehört die *krakowska* (Krakauer) oder *myśliwska* (aus Schweine- und Wildfleisch). Der Rolls Royce unter dem Aufschnitt ist der »Delikateßschinken«. Unter den Kommunisten nannte man ihn den »Exportschinken«, weil er überall zu kaufen war, außer in Polen. Die rote, dreieckige Dose, in der er verpackt war, löste bis 1990 in jedem Polen eine Reihe Pawlowscher Reflexe aus, von denen der Ruf nach gastronomischer Freiheit einer unter vielen war. Heute finden Sie den Schinken überall.

Ein weiteres Highlight der heimischen Küche ist das Gebäck. Sein Geheimnis ist dasselbe wie das der anderen Lebensmittel: keine Konservierungsstoffe.

Margaret Thatcher war während ihrer Staatsbesuche derart angetan von den polnischen Semmeln, daß sie zum Frühstück nichts anderes mehr aß. Mick Jagger behauptete sogar einmal in einem Interview:

»Es ist das beste Gebäck auf der Welt, denn jede Sorte hat einen eigenen, unnachahmlichen Duft, an dem man es erkennen kann.« Ein »Rolling Stone« muß es schließlich wissen.

Der Ruf der polnischen Gastfreundschaft übersteigt indes den der polnischen Spezialitäten noch um ein Vielfaches. Manche Polen behaupten zwar, sie sei auch nicht mehr das, was sie einmal war. Dennoch ist die polnische Gastfreundschaft so etwas wie der schiefe Turm von Pisa. Wer ihn nicht erklommen hat, der hat die Reise umsonst gemacht. Wer die polnische Gastfreundschaft nicht erlebt hat, hat sich etwas Entscheidendes entgehen lassen. Bei einem Polen eingeladen zu werden, ist nicht schwer. Besonders wenn man ein Fremder ist. Wenn Sie einmal einen solchen Hausbesuch abstatten, können Sie mit hundertprozentiger Sicherheit davon ausgehen, daß Sie das Haus weder hungrig noch durstig verlassen werden.

Sollten Sie das seltene Glück haben, zu einer polnischen Hochzeit eingeladen zu werden, dann müssen Sie mindestens sechs Tage Urlaub nehmen. Drei für die Hochzeit und die anderen drei, um danach wieder halbwegs in die Wirklichkeit zurückzukehren. Gleich zu Beginn werden ein paar Männer, die Sie nie zuvor im Leben gesehen haben (und nachher auch nicht mehr sehen werden), auf Sie zukommen und Ihnen ein Gläschen Wodka anbieten. Sozusagen als Aufwärmübung. Wenn Sie da schon ja sagen, brauchen wir diese Anleitung gar nicht fortzusetzen, wenn Sie aber standhaft bleiben, und es irgendwie nüchtern bis zum Tisch schaffen, sollten Sie eisern auf folgende Regeln achten: Die zweitgrößte Gefahr neben dem Wodka sind die oben erwähnten Nationalspeisen. Hier können Sie keinesfalls nein sagen. Ein Gast, der keinen Hunger mitbringt, ist noch schlimmer als ein Gast, der kein Hochzeitsgeschenk mitgebracht hat.

Ihren Beteuerungen, satt zu sein, wird man mit sorgenvoller Miene lauschen. Trotzdem werden innerhalb kürzester Zeit mehrere Gerichte vor Ihnen auftauchen: Bigos, jenes mit Fleisch versetzte Krautgericht, das wegen seiner Schwerverdaulichkeit das Zeug dazu hat, selbst einen Arnold Schwarzenegger aus dem Verkehr zu ziehen. Żurek, eine Suppe, die immer in Begleitung einer ellenlangen Weißwurst erscheint. Und Hering mit Zwiebeln, was Sie wiederum als Wink mit dem Zaunpfahl verstehen dürfen, damit endlich zum Wodka gegriffen werden kann. Es wäre aber unklug, sich hierbei auf Bigos allein zu stürzen und die anderen Speisen unangetastet zu lassen. Ihr auf diese Weise gezeigter, jämmerlicher Appetit wird dazu führen, daß ein besorgter Mensch Ihnen sofort noch eine Kuttelfleckensuppe und Russische Pirogi nachreichen wird.

Sollten Sie jedoch lächelnd abwehren und sogar an Rückzug denken, werden Sie sich plötzlich von mehreren molligen Frauen umzingelt sehen, die Ihnen gutmütig zulächeln. Aber der wachsame Blick in den Gesichtern Ihrer Scharfrichter wird Ihnen verraten, daß Sie erst dann aufstehen dürfen, wenn Sie das reichhaltige Angebot in Ihren Innereien untergebracht haben. In den kommenden Stunden müssen Sie sich gegen den ständigen Nachschub von Speisen wehren. Wie man das allerdings erfolgreich macht, weiß ich ehrlich gesagt auch nicht. Wahrscheinlich ist genau das der Grund, aus dem die Polen sich in den Wodka flüchten.

Wodka übrigens ist eigentlich nicht das Nationalgetränk Polens. Das war ursprünglich *miod pitny*, ein alkoholisches Honiggetränk, das die polnischen Edelleute einst vor jeder Schlacht zu sich nahmen. Heute ist *miod pitny* aber weitgehend in Vergessenheit geraten und hat den über hundert (die Zahl wird ständig nach oben korrigiert) heimischen Wodkasorten, wie zum Beispiel »Wyborowa« oder »Żytnia«, Platz gemacht.

Entgegen dem, was man dem Wodka in Westeuropa nachsagt, ist er kein primitives Alkoholgetränk, sondern auch ein Symbol für die slawische Offenheit. »Öffnen wir eine Flasche, öffnen wir ein Herz«, könnte es auch heißen, womit auch die Behauptung belegt wäre, daß Wodka nur in Polen erfunden werden konnte. Jene frechen Russen, die vor Jahrhunderten schon das Gegenteil behaupteten, sind auf den höchsten Bäumen aufgeknüpft worden.

Jedenfalls wird auch für Sie der Zeitpunkt kommen, wo Sie ein Gläschen Wodka nicht mehr werden ausschlagen können. Niemand weiß genau, wie oft Mick

Jagger beim letzten Polenbesuch sein »Herz geöffnet« hat, aber wenn Sie sich dazu entschließen, dann lieber langsam. Ihr Herz wird am Ende ohnehin offenstehen wie ein Scheunentor.

Die Liste der polnischen Trinksprüche ist so lang wie das Autobahnnetz in Deutschland. Die meisten dieser Segenssprüche haben internationalen Standard und handeln von der Gesundheit, dem Wohlsein und ähnlichem. Nach ein paar Gläschen werden Sie jedoch die Gelegenheit haben, sich über die lokalen Toasts zu wundern. Sie entspringen der berühmten slawischen Phantasie, die Polen eine Menge Scherereien, aber immerhin auch vier Literaturnobelpreise eingebracht hat.

Wundern Sie sich also nicht, wenn Sie nach dem fünften Gläschen auf den Regenbogen trinken werden. Oder auf die offene Flasche. Oder auch auf die geschlossene Flasche. Häufig trinkt man auf das rechte Bein, dann auf das linke. Niemand weiß, warum.

Aber eines ist gewiß. Selbst wenn Sie anschließend auf ihren rechten und dann den linken Arm, ja sogar schließlich auf jede einzelne Zelle ihres Körpers trinken, wird am Ende das nächste Gläschen warten. Es wird Ihnen zu diesem Zeitpunkt nicht mehr viel nützen, wenn Sie erfahren, daß Wodka im Polnischen »Wudka« ausgesprochen wird. »Wodka« ist nämlich eine Verkleinerung von *woda*, was nichts anderes als Wasser heißt. Daß Sie die ganze Zeit über kein »Wässerchen« getrunken haben, werden Sie spätestens am nächsten Morgen merken. Also prost – oder wie Sie selber spätestens nach einer Nacht sagen würden: *Na zdrowie!*

Und jetzt dürfen Sie mit der Braut tanzen.

Die Weichselaphrodite

Nun, da das Wort »Braut« gefallen ist, wird es Zeit, sich einem wesentlichen Kapitel zu widmen. Polens Weiblichkeit. Immerhin hat die Präsenz weiblicher Symbolik in Polen ein Maß erreicht, das es verbietet, von einem Zufall zu sprechen.

Es ist eine nicht zu leugnende Tatsache, daß Polen eine stark ausgeprägte weibliche Seite hat, die niemals wirklich thematisiert worden ist. Vielleicht ist der Grund dafür, wie Sigmund Freud gesagt hätte, eine »kollektive Verdrängung«, vielleicht aber sehen die Polen nur den Wald vor lauter Bäumen nicht. Dabei beginnt Polens weibliche Seite schon beim Landesnamen: *Polska*.

Polska hat im Gegensatz zu Deutschland oder England einen weiblichen Artikel. Wenn man Polska ausspricht, ist nicht nur eine »Sie« gemeint, sondern es werden in jedem Polen automatisch solche Assoziationen wie »schwach« oder »schutzbedürftig« ausgelöst. Je tiefer man in die Vergangenheit zurückgeht, desto häufiger sind die Beweise, daß jene Beschützergefühle schon sehr früh zu keimen begannen.

Bereits im siebzehnten Jahrhundert pflegten polnische Edelleute, bevor sie in den Kampf zogen, um Polskas Wohl und Gesundheit zu Gott zu beten, als handelte es sich um eine Braut. Im Begriff *Polska* war ein romantisches und magisches Element enthalten, für das rauhe Krieger sogar bereit waren, ihr Leben zu opfern. John F. Kennedys berühmter Satz »Frag nicht, was dein Land für dich tun kann, frag, was du für dein Land tun kannst« war also gewissermaßen durch diese weiblich-männliche Beziehung schon Jahrhunderte zuvor Wirklichkeit geworden.

Im Mittelalter wurde Polska sogar durch eine Frau symbolisiert. Während man sich zur gleichen Zeit in Deutschland die Sage von Siegfried erzählte und in England über König Artus dichtete, machte in Polen die Legende von der schönen Wanda die Runde. Sie war jungfräulich, blond und führte ein sorgloses Leben im Schoß ihrer Familie, bis eines Tages ein schwarzer Ritter aus Deutschland auftauchte. Er entbrannte in heftigem Begehren zu Wanda und beschloß, sie zu freien.

Wanda aber verweigerte die Heirat, und als der Ritter allzu hartnäckig blieb, suchte sie Zuflucht in den Fluten der Weichsel. Ihr Selbstmord war im übrigen keine Verzweiflungstat, sondern ein Zeichen dafür, wie weit die Polen zu gehen bereit waren, wenn ihre Freiheit bedroht wurde.

Die Weiblichkeit machte auch keinen Halt vor einer an sich männlichen Domäne: der katholischen Kirche. Zwar ist innerhalb der Kirche nur den Männern das höchste Amt vorbehalten, und die meisten christlichen Heiligen sind männlich. Auch Jesus ist ein Mann gewesen, und Gott persönlich besitzt verdächtig viele männliche Attribute. Dennoch hört man in polnischen Kirchen viel seltener ein: »Vater unser, der du bist im Himmel«, als ein: »Heilige Maria, Mutter Gottes, bete für uns«.

Die Figur der Jungfrau Maria hat in jeder polnischen Kirche einen Ehrenplatz, der nicht nur symbolisch den von Jesus überragt. Auch die Statistik spricht hier eine klare Sprache: Auf den Heiligenbildern, die in Polens Kirchen hängen, nimmt die Mutter Gottes mit einem Anteil von etwa siebzig Prozent den ersten Platz ein. Die restlichen dreißig teilt sich Jesus mit anderen Heiligen. Jedes dritte Kind in Polen ist zudem der Meinung, daß die Jungfrau Maria eine äußerliche Ähnlichkeit mit seiner eigenen Mutter hat – und folglich eine polnische Staatsbürgerin sein muß.

Die Psychologen erklären sich Marias Popularität logischerweise mit einer »intuitiven, aus der eigenen Erfahrung bezogenen Vormachtstellung der Mutter«. Eine

Bäuerin drückte es einmal in einem Radiointerview weniger umständlich aus: »Wenn eine Frau mit einer Frau redet, kommen sie immer auf einen grünen Zweig.« – Der Glaube ist nun mal reine Gefühlssache, und wo Gefühle im Spiel sind, haben Männer nichts verloren. Interessanterweise wird die Verehrung Marias von der männlich betonten Kirche Polens keineswegs beschnitten, ganz im Gegenteil. Jedes Jahr pilgern Hunderttausende Menschen nach Tschenstochau, um in dem Paulanerkloster Jasna Gora aus dem vierzehnten Jahrhundert das Bildnis der »Schwarzen Madonna« mit eigenen Augen zu sehen und davor zu beten. Tschenstochau ist die weltweit bekannteste Stätte des Marienkults in Polen. Aber es gibt ihrer Hunderte, die über das ganze Land verstreut sind. Die Polen haben überhaupt zu allen Epochen viele Kirchen und Kathedralen zu Marias Ehren gebaut. Noch keine zwanzig Jahre alt ist die Basilika von Licheń, einem kleinen Ort in der Nähe von Posen. Licheń hat nur etwa elftausend Einwohner, aber die elftgrößte Kirche der Welt. Mehr als zehntausend Gläubige finden in ihr Platz. Das können die meisten anderen Kathedralen Europas nicht für sich in Anspruch nehmen.

Der größte Anhänger des Marienkults sitzt allerdings in Rom. Es ist Johannes Paul II. Der polnische Papst, der früh seine eigene Mutter verloren hatte, stattete Lourdes und anderen Stätten des Marienkults zahlreiche Besuche ab.

Eine Institution, die in Polen wahrscheinlich am häufigsten zur Jungfrau Maria betet, ist die polnische Großmutter. Dabei ist sie selbst anbetungswürdig und wohl die realste Verkörperung polnischer Weiblichkeit. Die Großmutter ist das letzte Überbleibsel der Großfamilie, die über Jahrhunderte das gesunde Fundament der polnischen Gesellschaft bildete. Sie ist trotz oder gerade wegen ihrer Schrullen und abergläubischen Marotten ein Fels in der Brandung der modernen, schnellebigen Welt. Die Großmutter ist auch die letzte lebende Zeitzeugin einer Zeit, über die ihre Enkel sonst nur noch aus Büchern oder Filmen erfahren können.

Polens Enkel empfinden nicht zuletzt deswegen vor ihren Großmüttern einen tiefen Respekt, der für Außenstehende womöglich übertrieben wirken mag. Jeder kennt die Geschichte des angesehenen Warschauer Philosophieprofessors, bei dessen bloßem Erscheinen die Studenten und Kollegen blaß wurden, der jedoch, sobald er vor seiner Großmutter stand, selbst wie ein Knabe zu stottern anfing. Eine verblüffende Erfahrung machte auch ein deutscher Sportjournalist anläßlich eines Fußballspiels zwischen Polen und Deutschland. Als er die polnischen Spieler interviewte, stellte er fest, daß acht der elf Fußballprofis sich weniger vor dem Zorn des Trainer fürchteten als vielmehr ernsthafte Sorgen hegten, wie ihre Großmutter auf eine Niederlage reagieren würde.

Vielleicht ist dieser Respekt auch eine Achtungsbezeugung für die besonderen Eigenschaften der polnischen Großmutter. Polens Großmütter widerstehen erfolgreich den Versuchungen der neuen Zeit und verwandeln sich nur in seltensten Fällen in eine rüstige Seniorin nach westeuropäischem Muster. Statt mit einem Sparticket um die halbe Welt zu gondeln oder regelmäßig ein Sonnenstudio aufzusuchen, bleiben sie lieber daheim und backen einen Pflaumenkuchen. Polens abergläubische und schrullige Großmütter scheinen eine alte Weisheit verinnerlicht zu haben: »Die guten Taten, die man im Leben vollbracht hat, fallen am Ende immer wieder auf einen zurück.« Vielleicht ist es Zufall, vielleicht auch nicht: Die Anzahl der Altersheime in Polen ist mindestens fünfmal geringer als in jedem anderen westeuropäischen Land.

Wie aber steht es um die Frauen in dem Land der Weiblichkeit? Wie steht es aber um jene Bäume selbst, derentwegen man den Wald angeblich nicht sehen kann?

Über die Schönheit der Polinnen wurde schon so manches Lied gesungen. »Der Polin Reiz ist unerreicht«, heißt es zum Beispiel im »Bettelstudenten«, einer deutschen Operette, die in Polen übrigens gänzlich unbekannt ist. Als Heinrich Heine, der zuvor das polnische Land erforscht hatte, in die Städte kam, fiel seine Meinung über Polens Frauen noch klarer aus:

»Jetzt aber knien Sie nieder, oder wenigstens ziehen Sie den Hut ab – ich spreche von Polens Weibern. Hätte ich den Pinsel Raphaels, die Melodien Mozarts, so gelänge es mir vielleicht, Ihnen ein Gefühl in die Brust zu zaubern, das Sie empfinden würden, wenn eine wahre Polin, eine Weichsel-Aphrodite, vor Ihren Augen leibhaftig erschiene. Ja, mein Lieber, wer in ihre Gazellenaugen blickt, glaubt an den Himmel...«

Auch über den Charakter der polnischen Weiblichkeit gibt es klare Aussagen, die eine Redensart am besten zusammenfaßt: Wenn an einer Uni ein Professor eine brillante Idee verkündet, dann verlieben sich die deutschen oder französischen Studentinnen in die Idee, die polnischen in den Professor.

Mit Sicherheit läßt sich über Polens Frauen folgendes sagen: Die Polinnen sind sehr selbstbewußt, sie sind bestimmt nicht um jeden Preis blond und haben ausgesprochen schöne Beine, was wohl erklärt, warum sie auch bei minus zwanzig Grad imstande sind, sich einen Minirock anzuziehen. Weiter wird einem aufmerksamen Frauenbeobachter auffallen, daß Polinnen eine Eigenschaft besitzen, die Durchschnittsmänner an Frauen oft übersehen, und falls nicht, dann doch falsch auslegen. Ohne jemals die griechischen Philosophen gelesen zu haben, weiß die Polin, daß äußerliche Attraktivität nicht nur von Vorteil innerhalb des evolutionären Mechanismus' ist, sondern auch schlicht ein Bestandteil der sichtbaren Welt. Oder wie es einmal die polnische Schauspielerin Helena Modrzejewska einfacher ausgedrückt hat: »Wenn wir uns an unserer eignen Schönheit erfreuen, dann ohne Hintergedanken.«

Wenn Sie also eine Frau auf der Straße sehen, deren Anblick Ihnen den Atem verschlägt, und die sich dennoch kühl und distanziert zeigt, dann ist es nicht unbedingt eine arrogante oder hochnäsige Person. Sie ist dabei, ihre eigene Schönheit auszukosten, die, wie man bekanntlich weiß, leider nur allzu schnell vergeht.

Andererseits wissen Polens Frauen sehr gut, was um sie her passiert. Ihr ohnehin gut ausgeprägter Sinn fürs Praktische wurde in den vierzig Jahren des kommunistischen Regimes nur noch geschärft. Damals nämlich war der Mann nur vordergründig das Oberhaupt der Familie. Das System erlaubte keine private Initiative, keine Auslandsreisen, kurzum: es ließ wenig an »männlichen« Aktivitäten zu. So wurde über kurz oder lang der Mann zu einem Eunuchen des Systems reduziert. Die Frau hingegen wurde im Alltag abgehärtet. Sie stand täglich viele Stunden Schlange, wo sie erstaunliches Geschick und Ausdauer beweisen mußte, wollte sie ein halbes Kilo Rindfleisch ergattern. Sie kümmerte sich um die Erziehung der Kinder, sie stellte schließlich auch die Direktorinnen der Schulen und besetzte einflußreiche Stellen in allen möglichen Ämtern.

Als endlich die freie Marktwirtschaft in Polen Einzug hielt, traf sie zwei Geschlechter an, die umgepolt worden waren. Praktisch veranlagte, energische Frauen und lethargische, desorientierte Männer. Die Frauen wurden vom Kapitalismus weit weniger überrascht als ihre Männer.

Während die Generation der um die vierzigjährigen Männer den Anschluß an das neue System kaum noch oder nur schwer fanden, nahmen die gleichaltrigen Frauen die Herausforderung an. Obwohl sich heute laut Umfragen die meisten Männer keine Frau als Vorgesetzte vorstellen können und eine Frau als Staatspräsidentin schon gar nicht, sieht und sah die Realität ganz anders aus.

Der Anteil der Firmengründungen durch Frauen ist momentan der höchste in der EU. Frauen führen mühelos hundert männliche Angestellte. Manchmal sind es gar weit mehr als hundert Männer, einmal waren es sogar alle, gewissermaßen. Denn Hanna Suchocka war eine der ersten freigewählten Regierungschefinnen Polens und machte ihre Sache nicht schlechter als die nachfolgenden männlichen Kollegen.

Und sogar auf dem Land, dem traditionell patriarchalischen Pflaster Polens rebellieren die Frauen gegen den alten polnischen Spruch: »Wenn der Mann der Kopf ist, dann ist die Frau der Hals.« Jahrzehnte war er dort so etwas wie eine Grundregel für das Zusammenleben der beiden Geschlechter. Nun haben die Hälse langsam genug davon, ihre stockbetrunkenen Köpfe jeden Samstag vom Wirtshaus mit dem Traktor nach Hause zu fahren. »Wer will schon«, beschweren sie sich, »als Hals durchs Leben gehen?«

Vielleicht aber ist die ungewöhnlichste Eigenschaft der polnischen Frauen, daß sie außergewöhnlich resistent sind gegen momentane gesellschaftliche Entwicklungen. Auch in einer Zeit, wo sie überaus erfolgreich ihren Mann stehen, sind sie weit davon entfernt, sich in einen solchen zu verwandeln.

Das eine zu gewinnen, ohne das andere zu verlieren, scheint eine Maxime der Polinnen zu sein. Sogar die härteste Managerin vermißt heute insgeheim noch den Handkuß oder den wohlerzogenen Herrn, der beim Anblick einer Frau den Hut lüftet. Intuitiv wissen die Frauen, daß mit dem Verschwinden der guten Manieren die sensiblen und zugleich starken Männer auch allmählich verschwinden. An ihre Stelle treten scharenweise energische Jünglinge in Anzügen und mit pomadisiertem Haar, zudem kahlgeschorene Kraftprotze in Jogginganzügen und einem Schlagring in der Tasche. Es täte der polnischen Gesellschaft gut, sich nach dem sensiblen Barometer der Weiblichkeit zu richten. Wenn Heinrich Heine heute Polen bereisen würde, würde er staunen, wie sehr sich seine Weichsel-Aphroditen verändert haben. Niemand könnte ihm aber den Unterschied zwischen Gestern und Heute besser erklären als seine Kollegin, die polnische Dichterin und Nobelpreisträgerin Wislawa Szymborska:

Ihre Augen sind, wenn's sein muß, mal blau, mal grau
Schwarz, lustig, grundlos voller Tränen
Sie schläft mit ihm wie die erstbeste, wie die einzige auf der Welt
Sie gebärt ihm vier Kinder, gar keins, eines

Naiv, gibt aber den besten Ratschlag
Schwach, erträgt aber jede Last
Sie liest Jaspers und Frauenmagazine
Sie weiß nicht wozu die Schraube und erbaut eine Brücke
Jung. Wie immer jung. Immer noch jung,
hält in der Hand einen Sperling mit gebrochenem Flügel
und eigenes Geld für eine weite und lange Reise.
(Aus dem Gedicht: »Das Porträt einer Frau«)

Gräfin Walewska auf dem Pferdegestüt

Die meisten Jungs in meiner Schulklasse waren keineswegs in Catherine Deneuve oder Ornella Muti verliebt, sondern benahmen sich wie richtige Patrioten. Wir seufzten entweder im Gedenken an Gräfin Maria Walewska oder an die Schauspielerin Pola Negri. Glücklicherweise waren beide Göttinnen bereits tot, sonst wäre es bestimmt zu Handgreiflichkeiten gekommen. Ohnedies war die Klasse schon in zwei Lager gespalten, die sich mal geheim, mal offen bekämpften.

Die einen, die Gräfin Maria Walewska vergötterten, waren gut in Geschichte und in Sprachen. Die, die Pola Negri verehrten, hatten ziemlich schlechte Noten und rauchten schon mit zwölf mehr Zigaretten als John Wayne in seinem berühmtesten Western »Rio Bravo«.

Wenn man das polnische Geschichtsbuch aufschlug, stieß man unter den vielen Porträts großer Könige wie Jan Sobieski oder Fürsten wie Stanislaw Herakliusz Lubomirski sofort auf das Bildnis einer Frau. Sie war nicht älter als fünfundzwanzig, hatte schwarze Augen, ihre Haare waren nach hinten gekämmt und wurden von einer Spange aus Perlmutt zusammengehalten. Das war Gräfin Maria Walewska, die Frau, deren Geschichte wir von A bis Z auswendig kannten.

Maria Walewska stammte aus einer adligen Familie und war achtzehn, als sie Napoleon Bonaparte in Warschau auf einem Ball zum ersten Mal sah. Natürlich war es kein Zufall. Da Polen wieder einmal in einer prekären politischen Lage steckte, schreckten Polens Diplomaten nicht einmal vor Kuppeleien zurück. Allerdings müssen sie schon sehr verzweifelt gewesen sein, wenn sie darauf spekulierten, ein achtzehnjähriges Mädchen könnte irgendwie den großen Eroberer Napoleon umstimmen, indem sie mit ihm tanzte.

Aber gerade an diesem Punkt erwachte unsere Neugier. Denn eines war klar: Gräfin Walewska sollte als Spionin eingesetzt werden. Notfalls gar zum Äußersten gehen. Doch bald stellte sich heraus, daß das, was wir unter dem Äußersten verstanden, etwas anderes war, als das, woran Walewska dabei dachte. Wir stellten uns regelrecht vor, sie würde eines Nachts in Napoleons Gemächer schleichen, um ihn zu erstechen. Polen wäre frei, sie eine Heldin. Und tatsächlich hielt sich Walewska an den ersten Teil der Abmachung. Aber statt eines Dolches hatte sie eine Rose in ihrer zarten Hand. Sie schenkte sie dem großen Eroberer und warf sich ihm anschließend an den Hals.

Wir erholten uns schnell von dieser Enttäuschung, weil wir diesen raffinierten Zug schon bald durchschaut hatten. Walewska war nicht nur eine Spionin, sie hatte weit größere Pläne. Sie begann von nun an, mit ihrer kleinen Hand die Geschicke Europas zu steuern, indem sie Napoleon nachts die eine oder andere Idee einflüsterte. Beim Morgenaufgang fegte sie Preußen zur Seite, beim Frühstück kam Rußland an die Reihe, nur Polen wurde verschont.

So ging das eine Weile gut, bis die Gräfin Anzeichen einer merkwürdigen Krankheit an den Tag zu legen begann. Sie zertrümmerte Vasen, raufte sich das Haar und bewarf Napoleon mit Gegenständen. Der Kaiser suchte Trost in den Armen anderer Spioninnen, und schließlich kam es zur Tragödie. Nachdem Walewska dem großen Franzosen einen Sohn gebar, begann sie gesundheitlich zu kränkeln. Ein paar Jahre später starb sie. Napoleon konnte nur noch das Grab seiner Geliebten besuchen, was er jedoch aus Zeitmangel nicht tat.

Wir Schüler lernten bei dieser Gelegenheit, daß Geschichtsbücher die wichtigsten Informationen nicht liefern können. Was war das für eine Krankheit, die unsere schöne Gräfin so ausgehöhlt hatte? Wir vermuteten, daß Napoleon aus Frankreich eine Hexe hatte kommen lassen, die Walewska den Garaus machte. Vor allem aber erfuhren wir nie, was Walewska in dem Medaillon trug, das auf dem Porträt in unseren Geschichtsbüchern um ihrem Hals hing. Wir ahnten aber, daß sich darin ein Gegengift befand, das sie vor allem Übel gerettet hätte. Hätte sie es nur rechtzeitig genommen, dann hätten wir auch nicht so schnell die Lust am Fach Geschichte verloren.

Die andere Klassenhälfte, die die Walewska-Anhänger für Streber und Muttersöhnchen hielt, schwor auf Pola Negri. Pola Negri war tatsächlich nichts für schwache Gemüter. Sie kam aus ärmlichen Verhältnissen und galt schon als kleines Mädchen als richtige Zicke. Sie muß in unserem Alter gewesen sein, als sie auf der Straße ein großes Pferd sah, das ständig ein kleines wehrloses Pony biß. Sie stürzte sich auf das riesige Pferd, biß es in die Flanke und schrie: »Siehst du! Siehst du! So fühlt es sich an, wenn man von jemanden gebissen wird!«

Es war eigentlich nur eine Frage der Zeit, wann aus so jemandem eine Schauspielerin wird. Und wie jede Schauspielerin damals begann sie als Ballettänzerin. Als Dreizehnjährige hatte sie schon ihren ersten einflußreichen Mentor, auf den wir jedoch nicht eifersüchtig waren. Mentor war schließlich ein anderes Wort für Onkel. Also ihr Onkel, zu dessen Nichten auch Sarah Bernhardt zählte, sagte zu unserer Pola eines Tages etwas, das wir ohnehin schon wußten: »Du hast Talent und Persönlichkeit.« Das reichte offenbar damals, um berühmt zu werden.

Wir verfolgten mit angehaltenem Atem, wie aus unserer armen Pola Negri eine der reichsten und berühmtesten Schauspielerinnen der Welt wurde. Wir freuten uns teuflisch, als wir lasen, daß Hitler bei ihren Filmen weinte, und sie Goebbels einen Korb gegeben hatte, um schließlich mit dem jüdischen Regisseur Ernst Lubitsch nach Amerika durchzubrennen.

Als die beiden auf amerikanischem Boden ankamen, antwortete ihr Agent auf die Frage, was er zu verzollen hätte, kurz und bündig: »Pola Negri«. Von da an waren alle hinter ihr her. Charlie Chaplin hätte sie fast gezwungen, ihn zu heiraten, Rudolfo Valentino tat mit ihr das, was man von ihm erwartete, und wurde darauf von einer Nebenbuhlerin vergiftet. Millionäre und berühmte Leute rannten ihr die Türen und Fenster ein. Unser Favorit war ein Fabrikbesitzer, der sich sogar in ihre Wohnung eingeschlichen hatte und dort abwartete, bis sie ins Bad ging. Dann kam er aus seinem Versteck hervor und rief: »Jetzt müssen Sie mich heiraten. Ich habe Sie nackt gesehen!« – »Sie sind ein widerliches Tier«, schleuderte ihm unsere Pola Negri ins Gesicht, worauf der wackere Großindustrielle einen Revolver hervorzog und rief: »Dann müssen wir gemeinsam sterben.« Er feuerte zweimal und verfehlte seine Göttin knapp.

Pola Negri, die übrigens naturblond war, hatte ein Temperament, das uns einfach die Sprache verschlug.

Sogar die Anhänger von Gräfin Walewska mußten eingestehen, daß Europa wohl ein bißchen anders aussehen würde, wenn Pola den großen Napoleon zwischen ihre rotlackierten Fingernägel bekommen hätte.

Kein Wunder, daß alle Schüler unserer Schule im späteren Leben in realen Frauen eine Kreuzung aus Maria Walewska und Pola Negri suchten. Und wie immer ähnelten sie weder der einen noch der anderen.

Ich jedenfalls begegnete meiner ersten großen Liebe erst auf der Abschlußfahrt. Wir waren auf einem Gestüt in Schlesien. Wir sollten dort reiten lernen für den Fall, daß der Westen uns den Benzinhahn abdreht und ganz Polen auf ein Pferd umsteigen muß. Aber das einzige, was uns der Reitlehrer beigebracht hat, war, Kronenkorken mit Zähnen aufzumachen.

Ab und zu fuhren wir auch in das nahe gelegene Breslau. Dort mußten wir uns hundert Mal sagen lassen, daß diese Stadt einmal den Polen und einmal den Deutschen gehört hat. Den Sperlingen auf dem Marktplatz, die die Touristen um Brotkrumen anbettelten, war all das herzlich egal. Der Turmuhr auf dem alten Rathaus und den beiden Zinshäusern »Hänsel« und »Gretel« auch. Wir waren immer froh, wenn wir wieder auf unser Gestüt zurückgekehrt waren. Wir hätten nie gedacht, daß in Schlesien, das doch eigentlich nur aus Kohlegruben bestand, so eine gute Luft war.

Eines Tages kam aus Warschau eine Familie, um auf dem Gestüt Urlaub zu machen. Sie hatten einen Wartburg, was damals richtigen Wohlstand bedeutete. Es fiel uns gleich auf, daß alle drei, Vater, Mutter und Tochter, ziemlich spießig gekleidet waren. Die Tochter war dazu nicht einmal besonders hübsch. Sie trug meist ein langes Kleid mit einem Kragen wie eine Gymnasiastin aus dem neunzehnten Jahrhundert. Die Füße steckten in offenen Sandalen. Und sie trug tatsächlich weiße Söckchen, von der Art, wie sie normal Mädchen, sobald sie ihr zehntes Lebensjahr erreicht haben, feierlich zu verbrennen pflegen. Niemand wechselte mit der Familie, geschweige denn mit der Tochter, ein Wort. Eines Tages ergab es sich durch Zufall, daß ich ganz allein mit ihr im Speisesaal war. Ich teilte ihr gnädig mit, daß es am Abend ein Lagerfeuer gäbe, bei dem sie vorbeischauen könne, wenn sie da noch nicht schlafe. Dann verstummte ich, weil ein Klassenkamerad hereinkam, und vergaß auch gleich wieder, daß ich sie überhaupt angesprochen hatte.

Am späten Abend tauchte sie plötzlich auf. Sie trug Jeans und einen roten Pulli, was die peinliche Situation etwas weniger peinlich machte. Sie setzte sich in der großen Runde ausgerechnet neben mich. Glücklicherweise war von unserer Klasse nur noch mein bester Freund dabei, ansonsten lauter Kumpel des Reitlehrers, die schon über dreißig waren und somit nicht zählten. Ich saß noch eine Weile so da, bis ich mich plötzlich sprechen hörte.

»Wie wäre es, wenn wir einen kleinen Spaziergang machen?« Mein Gesicht drehte sich wie von selbst zu ihr, um eventuell eine Antwort entgegenzunehmen. Und siehe da. Es war keine Gräfin Walewska oder Pola Negri, aber sie hatte trotzdem irgendwie Mumm. Sie nickte, und mir wurde bei diesem Nicken plötzlich ganz heiß.

Wir standen auf und gingen los. Der Reitlehrer, der wie immer schon einen in der Krone hatte, rief uns noch hinterher: »Mach Polen keine Schande!«

»Was hat er gerufen?« fragte sie, und ich sagte: »Er sagte, wir sollen zum Fluß. Dort ist die Aussicht wunderschön.«

Als wir zum Fluß kamen, wurde uns beiden erst richtig klar, daß es eine schöne Nacht war. Obwohl es bereits Mitternacht war, war es sehr warm. Man konnte in der Dunkelheit den Weizen riechen, den die Bauern zum Trocknen auf dem Feld liegengelassen hatten. Oben in der Milchstraße hatte sich offenbar ein wunderbarer Unfall ereignet. Die Sterne hingen nämlich so niedrig, daß man sie mit Hand hätte herunternehmen können.

Und obwohl ich damals das war, was man unschuldig nennt (sie übrigens auch), begann ich mich plötzlich so zu fühlen, als hätte ich mein Leben lang nichts anderes gemacht, als Frauen zu verführen. Ich nahm ihre Hand, die sie mir erstaunlich widerstandslos überließ, und sah ihr in die Augen. Dann begann ich den schönsten Liebesdialog, den ich jemals geführt habe.

Ich sagte: »Ja.«

Sie sagte sofort: »Nein.«

Ich sagte wieder: »Ja.«

Sie sagte: »Nein.«

Und ich sagte: »Ja.«

Und sie antwortete: »Ja.«

An das, was später war, kann ich mich kaum noch erinnern. Nur an den einen Moment, als ich sie über mir sah. Ihr nicht besonders hübsches Gesicht war auf einmal unglaublich schön geworden. Milan Kundera, den ich damals ununterbrochen las, hätte gesagt, es sei das Resultat guter Durchblutung gewesen.

Aber mir kam es vor wie Hexerei.

Zwei Stunden später begleitete ich sie nach Hause. Wir haben uns zum Abschied geküßt, und jeder von uns beteuerte, daß er den andern gerne morgen wiedersehen würde. Aber wir fühlten uns sehr sonderbar, als wir das sagten. An diesem Tag dämmerte es mir langsam, daß der Mensch voller geheimnisvoller und widersprüchlicher Kräfte ist, von denen er allenfalls eine Ahnung hat. Ich sah ihr nach, wie sie im Hotelgebäude verschwand. Dann ging ich zurück. Wir haben uns nie wieder gesehen.

Milan Kundera würde an dieser Stelle einwenden, das hätte überall passieren können. In Frankreich, in Deutschland oder in China. Kein Grund, Polen deswegen zu etwas Besonderem zu machen. Das ist alles wahr. Aber es ist nun mal dort, in einem kleinen Dorf, geschehen, und seitdem kann ich es mir nirgendwo anders vorstellen.

Essig auf dem Mars

Manchmal hat schlechte Presse auch ihre guten Seiten. Sie bringt unfreiwillig Komik mit sich. Theoretisch betrachtet müßten die polnischen Zeitungsleser unter den Kommunisten die bestgelaunten der Welt sein. Unter dem dürftigen Presseangebot (drei große Staatszeitungen) konnte man genug Meldungen finden, die dafür Anlaß lieferten.

Aus der Juliausgabe der kommunistischen Tageszeitung »Trybuna Ludu« im Jahr 1979 erfuhr man zum Beispiel, daß Polen auf dem besten Wege war, die Weltwirtschaft zu beherrschen: »Dank der vorbildlichen Leistungen unserer Fabriken, die die Produktionsnorm um zweihundert Prozent überschritten haben, ließen wir Frankreich und Amerika entscheidend hinter uns. Polen steht kurz davor, die zweitgrößte Wirtschaftsmacht der Welt nach der Sowjetunion zu werden.« Eine mutige Feststellung für ein Land, in dessen Lebensmittelgeschäften das Warenaufgebot vorwiegend aus Ein-Liter-Essigflaschen und Tee mit abgelaufenem Haltbarkeitsdatum bestand. In der Sparte Wissenschaft kamen wiederum die Liebhaber der Science Fiction auf ihre Kosten: »Schon bald wird es der Sowjetunion möglich sein, nicht nur auf dem Mond, sondern auch auf dem Mars Kolonien zu bauen. Möglich geworden ist dies durch die bahnbrechende Erfindung eines sowjetischen Wissenschaftlers, der einen speziellen Fusionsreaktor konstruiert hat.«

Genauere Angaben zu diesem Wunderreaktor sowie dem Namen des Wissenschaftlers wurden aus Geheimhaltungsgründen nicht gemacht. Man erfuhr lediglich, daß das Genie aus Leningrad kam, was niemanden sonderlich überraschte. Polens Leser wußten, daß das einzige, was man der Presse glauben konnte, die Sportergebnisse waren. Und selbst die nicht immer.

In der größten sowjetischen Tageszeitung »Prawda« (auf deutsch – nomen est omen – »Die Wahrheit«) wurden des öfteren die Resultate von Fußballspielen verfälscht oder einfach umgedreht. Besonders dann, wenn sowjetische Mannschaften gegen westliche antraten und das Ergebnis nicht den Erwartungen der Genossen entsprach.

Nach dem Fall des Eisernen Vorhangs begann man

langsam, den Zeitungen wieder zu glauben. Die erste offizielle, nicht kommunistische Zeitung wurde 1989 in Warschau gegründet. Sie hieß »Gazeta Wyborcza«, was frei übersetzt »Wahlzeitung« bedeutete. Dieser unspektakuläre Titel hatte es in sich. Offiziell war »Gazeta Wyborcza« da, um über die erste freie Wahl im ganzen Ostblock zu berichten, enthielt aber auch den diskreten Hinweis, daß das Volk zum ersten Mal die »Wahl« zwischen der Wahrheit und der Propaganda hatte. Polens Leser entschieden sich fürs erste. Heute gehört »Gazeta Wyborcza« zu den einflußreichsten Tageszeitungen Polens. (Ihre Tagesauflage liegt heute bei etwa vierhunderttausend Exemplaren, was der der »FAZ« oder der »Süddeutschen« entspricht).

Das Wochenmagazin »Polityka« ist hingegen ein Beispiel für sanfte Evolution. Es wurde bereits unter den Kommunisten gegründet, überlebte dennoch als einziges nach der Wende dank seiner hohen Qualität und kritischen Einstellung gegenüber dem gerade herrschenden politischen System.

»Wprost«, eine weitere Wochenzeitung, ist ein Pendant zum deutschen »Focus«. Den Löwenanteil der Wochen- und Monatszeitschriften macht jedoch traditionellerweise die sogenannte Frauenpresse aus.

Nach 1990 wurde die polnische Zeitungslandschaft mit westlichen Produkten überschwemmt. Die Zeitung »Fakt« (gehört zu Axel Springer) führte der polnischen Leserschaft das Phänomen »Bild« vor Augen. Dort wird zwar wenig von der Politik, aber dafür von kaltblütigen Mordfällen oder gar Fledermäusen berichtet, die menschliches Blut trinken. Inzwischen können Sie auch längst an einem Zeitungsstand eine polnische Ausgabe »Newsweek« oder des Magazins »Glamour« kaufen. Die Redaktion des letztgenannten erlebte ihr blaues Wunder, als sie auf lautstarken Wunsch der polnischen Leserinnen mehr Text und weniger Photos unterbringen mußte. Des weiteren können Sie anhand des polnischen »Playboy« feststellen, wie überraschend wenig sich ein nacktes polnisches Playmate von einem amerikanischen unterscheidet.

Ein interessantes Detail sind die DVD-Filme, die vielen Magazinen beigelegt werden. Es handelt sich dabei um Klassiker wie auch neue Hollywoodproduktionen. Es kann genügen eine Zeitung oder ein Magazin für zwei Euro zu kaufen, um gratis eine offizielle DVD von »Schweigen der Lämmer. Teil 2« oder »Bridget Jones« zu erhalten.

Manchmal hat auch die neue, freie Presse ihre witzigen Seiten. Einem Artikel in der »Gazeta Wyborcza« vom November 2004 entnimmt man Neuigkeiten, die auch den deutschen Leser interessieren dürften:

Der Scherz »Fahren Sie nach Polen – Ihr Auto ist schon dort« ist nicht mehr aktuell. Die Polizei in Posen ließ eine Autoknackerbande auffliegen, die auf polnischen Straßen Autos klauen ließ. Die Auftraggeber waren... Franzosen. Es wird aber noch kurioser: Viele der Autos verkaufte man in Deutschland! Die polnische Polizei ist selbst verblüfft: »Wir waren es gewöhnt, daß die Autos immer hinter der Ostgrenze verschwanden, aber umgekehrt? Das ist neu. (...) Die französischen Autodiebe waren sehr wählerisch, sogar im Bezug auf die Farbe. (...) Das ganze lief folgendermaßen ab: Das Auto wurde in Polen photographiert und das Photo nach Frankreich geschickt. Anhand der Bilder suchte sich der ›Klient‹ ein Auto aus. Gefiel ihm eins, verschwand es am nächsten Tag von der Straße.«

Gehen Sie wieder nach Hause, Herr Polański

Als westlicher Bürger ist man es gewöhnt, den Fernseher als ein Medium wahrzunehmen, das nur Unterhaltung und Nachrichten verbreitet. In Polen verfolgte das Fernsehen seit seiner Gründung im Jahr 1952 bis 1990 ein ganz konträres Ziel. Abgesehen von der unvermeidbaren Portion an Propagandasendungen und wissenschaftlichen Programmen, die das Publikum über sich ergehen lassen mußte, diente es immer einem von oben verordneten Zweck.

In der ersten Phase war das Fernsehen vor allem dazu da, das Trauma des Zweiten Weltkrieges aufzuarbeiten. Das geschah mit Hilfe von Dokumentarfilmen, die stundenlang Bilder von Auschwitz oder von der Zerstörung Polens durch Nazideutschland zeigten. Viel populärer waren eigens dafür produzierte Spielfilme und Serien. Die berühmteste Kriegsserie Polens hieß »Czterej Pancerni i pies« was so viel wie: »Vier Panzersoldaten und ein Hund« bedeutete. Hinter diesem Titel verbargen sich vier slawische Jünglinge, die verwegen und mutig gegen die deutschen Truppen kämpften. Alles, was die vier Panzerfahrer zur Verfügung hatten, war ein desolater Panzer russischer Bauart und ein Hund namens Scharik – paradoxerweise ein reinrassiger, deutscher Schäferhund, der allergisch gegen Wehrmachtsuniformen war.

Diese Serie lockte Millionen von Zuschauern vor die Fernsehapparate und brachte dem Publikum ganz nebenbei noch den Unterschied zwischen der DDR und der BRD bei, also wo damals die guten und wo die bösen Deutschen lebten. Diese »Kriegsverdrängungsphase«, die bis in die siebziger Jahre andauerte, klang mit den Abenteuern von »Kapitan Klos« aus. Kapitan Klos sollte dem Publikum die intellektuelle Überlegenheit eines polnischen Spions über die deutsche SS oder die Gestapo zeigen, was bei Zuschauern unter zwölf auch gelang. Ein unbeabsichtigter Nebeneffekt dieser Serie war, daß die Jugendlichen noch Jahre später mit bestem deutschen Akzent die Sätze »Hände hoch!« und »Wo ist der Sturmbannführer Stettke?« wiederholten.

Spätestens da wurde den Verantwortlichen klar, daß das Publikum reif für eine neue Phase war.

Die Handlung der Spielfilme verlegte man meist in

das siebzehnte und achtzehnte Jahrhundert, es waren nationale Epen, die auf die Leinwand kamen. Das bekannteste ist »Potop« (Die Sintflut) nach dem gleichnamigen Roman des Nobelpreisträgers Henryk Sienkiewicz. Moralische Werte und schöne Kostüme spielen die Hauptrolle und lenken das Publikum von den Problemen der Gegenwart ab.

Die Kultserie »Janosik« versetzte den wirklichkeitsmüden, polnischen Zuschauer in die Welt des Räuberhauptmanns Janosik. Dennoch gab es unfreiwillige Parallelen zur tristen Gegenwart des Kommunismus. Janosik, ein polnischer Robin Hood, der von den Reichen nahm und den Armen etwas gab, erinnerte immer mehr an die polnischen Oppositionellen, deren Stimmen Anfang der siebziger Jahre immer lauter wurden.

Um dem entgegenzuwirken, ging man auf Nummer sicher und importierte aus dem fernen Brasilien die Telenovela »Sklavin Isaura«. Schauplatz war eine Plantage im neunzehnten Jahrhundert, auf der eine ebenso schöne wie kluge Sklavin namens Isaura einen Schicksalsschlag nach dem anderen hinnehmen mußte. Das heilige Grundprinzip einer Telenovela: »Sie liebt ihn, aber er liebt eine andere« wurde in Hunderten von Folgen ausgereizt, versetzte halb Polen in ein Isaurafieber und lenkte das Publikum noch ein letztes Mal von der Gegenwart ab. Für die interessante Verwechslung zwischen Märchen und Wirklichkeit sorgten die Bewohner eines Dorfes in Ostpolen. Noch während die Serie lief, starteten sie eine Spendenaktion, um Isaura aus der Sklaverei freizukaufen.

Nach 1990 machte das polnische Fernsehen endlich einen Schwenk Richtung Realität. Vor allem das Bild des deutschen Nachbarn änderte sich. Deutschland schmolz endlich (nicht nur auf der Landkarte) zu einem Volk zusammen. Es schien sogar neuerdings auch aus Menschen zu bestehen, die »wie du und ich« waren. Eine größere Anzahl deutscher Spielfilme, darunter einige von Werner Herzog und Rainer Werner Fassbinder, kam in die Kinos. Im Fernsehen strahlte man zum ersten Mal in der Geschichte Nachkriegspolens eine BRD-Serie aus. Kommissar »Derrick« war von nun an das sympathische deutsche Gesicht, es gehörte einem Mann, der erfolgreich das kriminelle Element in seiner Heimat bekämpfte. Gleichzeitig verschwanden fast schlagartig alle Filme aus russischer Produktion.

Der Ruck Richtung Westen machte aber auch das polnische Publikum mit dem Spruch »Quantität ist nicht Qualität« bekannt. Aus den zwei Schwarzweißprogrammen des Kommunismus wurden innerhalb kürzester Zeit elf Farbfernsehprogramme. »Big Brother« oder die »Millionenshow« (die relativ schnell aus unbekannten Gründen bankrott ging), waren die neuen Zuschauermagneten. Auffallend war die hohe Anzahl von Quizsendungen, in denen man zum ersten Mal vor einem Millionenpublikum sein Wissen gegen Geld tauschen konnte.

Nach der Jahrtausendwende setzten sich unter den vielen Serien einige zeitkritische polnische Sitcoms durch. Anfangs als »Witzmaschinen« konzipiert, wurden sie zu Parodien der heutigen Gesellschaft Polens. Der erfolgreiche Börsenmakler, für seinen Erfolg bei Frauen bekannt, wird unerwartet mit einem Zwölffingerdarmgeschwür in ein Spital eingeliefert, wo sofort die katastrophale medizinische Versorgung aufs Korn genommen wird. Die blonde Sekretärin, die normalerweise ihr Gehalt für Firlefanz ausgibt, spendet plötzlich all ihr Geld Greenpeace.

Nach fünfzig Jahren erreichte das polnische Fernsehen endlich die Eigenständigkeit, auf die es lange Zeit gewartet hatte. Was es damit anfangen wird, bleibt noch abzuwarten. Roman Polański hat dieses Privileg einmal elegant auf den Punkt gebracht. Als junger Regisseur wollte er seinen eigenen Film »Das Messer im Wasser« im Kino sehen. An der Kasse wurde ihm der Kauf einer Eintrittskarte mit der Begründung verweigert, der Film sei erst für Leute über achtzehn. Statt den Führerschein oder den Ausweis zu zücken, ging Polański brav wieder nach Hause. »Wozu eine gute Szene verderben«, sagte er damals. Heute hätte er echte Szenen wie diese verfilmen können. Damals mußte er emigrieren, um das zu tun.

Der Rettungsanker von Pan Samochodzik

Hand aufs Herz. Wieviel weiß man von der polnischen Literatur außer, daß die meisten Literaten schrecklich unaussprechliche Namen haben? Allenfalls das Nötigste. Wie etwa, daß der große Joseph Conrad früher mal Józef Korzeniowski hieß und daß Witold Gombrowicz klug genug war, seinen Lebensabend nicht in der polnischen Industriestadt Radom, sondern in der sonnigen Provence zu verbringen.

Weit weniger weiß man schon über Ryszard Kapuściński, den wackeren Reporter und brillanten Erzähler, der in den achtziger Jahren bei einer Afrikareise sogar vor einem Erschießungskommando landete, weil er etwas zu forsch recherchiert hatte. Am allerwenigsten womöglich noch über Henryk Sienkiewicz, der nach

Auffassung vieler Polen den Nobelpreis eher für sein nationales Comic-Epos »Die Kreuzritter« verdient hätte, als für seinen Roman »Quo Vadis«. Nur Eingeweihte wissen, daß Stanisław Lem, als er von Österreich nach Polen umzog, seinen Schreibtisch in Wien ließ. Damit erschöpfen sich für die meisten die Kenntnisse von der polnischen Literatur. Für einen Polen fangen sie aber hier erst an.

Eine der schillerndsten Figuren der polnischen Literatur des zwanzigsten Jahrhunderts war Marek Hłasko (1934–1969). In seinem Kultroman »Die schönen Zwanzigjährigen« macht man nicht nur mit der Fähigkeit des Autors, aus einem Wortschatz von fünfhundert Wörtern Weltliteratur zusammenzustoppeln, Bekanntschaft, sondern mit einer Biographie, die für einen Abenteuerfilm gereicht hätte.

Der in Deutschland völlig unbekannte Autor hatte ausgerechnet überdurchschnittlich viele Berührungspunkte mit Deutschland. Nachdem er aus Polen emigrierte und unter akutem Geldmangel litt, mimte er erfolgreich einige Monate lang in der Irrenanstalt Haarheim einen geistig Kranken. Später heiratete er die deutsche Schauspielerin Sonja Ziemann, die seinerzeit einen ähnlichen Berühmtheitsstatus genoß wie heute Julia Roberts.

Erst fünfunddreißigjährig beging Hłasko Selbstmord in Wiesbaden, wo er begraben liegt. Auch im wirklichen Leben pflegte sich der Dichter wie eine Romanfigur zu verhalten. Da Hłasko nahezu zeit seines Lebens alkoholkrank war, zog er mit einem Pferd durch die Warschauer Kneipen. Das Tier stand Schulter an Schulter mit dem Dichter am Tresen und wartete geduldig, bis sein Herr sternhagelvoll war. Dann luden die umstehenden Freunde Hłasko auf das Pferd, welches mit dem weggetretenen Literaten nach Hause trabte.

Nicht weniger einfallsreich war Hłaskos Zeitgenosse Leopold Tyrmand (1920–1985). Tyrmand war jüdischer Abstammung und kam aus besseren Verhältnissen. Das hinderte ihn jedoch nicht daran, während des Zweiten Weltkrieges ausgerechnet in Deutschland unterzutauchen und mit gefälschten Papieren alle möglichen Jobs zu verrichten. Er war Mitarbeiter des Roten Kreuzes, Seemann und Portier in einem Stundenhotel. In seinem autobiographischen Roman »Filip«, der eine slawische Version des »Felix Krull« ist, lernt man den wackeren Portier Tyrmand als Widerstandskämpfer kennen.

»Die Jungs von der Waffen SS bekamen (mittels jener Mädchen, die ich ihnen zuwies) eine besonders bösartige Form der Syphilis zugeteilt. Die arroganten Piloten der Luftwaffe den Tripper, und nur die armen Burschen von der Wehrmacht kamen mit den relativ harmlosen Gonokokken weg. Nun muß man sich vorstellen, wie zwei Wochen später an der Front dieselben Piloten in ihren Cockpits wegen starken Unterleibskrämpfen nur noch ungenau die Karten lesen und dadurch die Bomben an falschen Stellen abwerfen. Oder wie die Jungs von der Waffen SS mit vierzig Grad Fieber im Bett rotieren, weil sie keine Exekutionen durchführen können. Ja, in gewissem Sinne, habe ich, Leopold Tyrmand, auf diese Weise wesentlich das Ende des Zweiten Weltkrieges beschleunigt.«

Leopold Tyrmand starb in den USA, nachdem er jahrelang als geschätzter Mitarbeiter des »New Yorker« und als Professor für Literatur an der Columbia University gearbeitet hatte. Seine besten Bücher, »1954«, »Filip« oder »Der Böse« schrieb er jedoch in den fünfziger Jahren in seiner kleinen Warschauer Wohnung.

Trotzdem sind heute viele Leser der Ansicht, daß die besten Autoren Polens nicht Lyriker oder die bereits erwähnten Großschriftsteller sind, sondern jene unscheinbaren Literaten, die ihr Leben lang Kinder- und Jugendbücher verfassen. Dank ihnen kamen Polens Kinder gute dreißig Jahre früher zu ihren »Harry Potters« und anderen Helden, die in ihnen eine seltene Zuneigung weckten: die Liebe zum Buch. Die Bücher solcher Jugendbuchautoren wie Edmund Niziurski erreichen nach dreißig Jahren immer noch Millionenauflagen und wurden erfolgreich verfilmt.

Als ich zehn Jahre alt war, führte mich mein Großvater in sein Zimmer. Mein Großvater, der kaum jemals selbst ein Buch gelesen hatte, war Schuhmacher und daher ein kräftiger Mann. Er kippte den oberen Teil der Couch nach hinten, und ich erblickte im Inneren des Bettes Stapel von verstaubten Büchern.

»Such dir was aus«, sagte er.

Ich stieg also hinein und griff so schnell ich konnte nach jenen Büchern, die schöne Umschläge hatten.

»Beeil dich«, sagte mein Großvater, »mein Arm schläft ein.« Als ich wieder hinauskroch, schnappte das Bett hinter mir zurück wie eine Falle. Von da an wiederholte sich das Ritual einmal im Monat. Ich hatte immer nur so lange Zeit, so lange der Arm meines Großvaters nicht einschlief. Angesichts dessen, wie wenig Zeit das war, hatte ich großes Glück.

Gleich das erste Buch, das mir in die Hände fiel, war ein Volltreffer: »Pan Samochodzik i templariusze«. Übersetzt: »Pan Samochodzik und die Tempelritter«.

Der Autor Zbigniew Nienacki war einer jener Autoren, die mit dem kommunistischen Regime gut auskamen und gelegentlich sogar offen sympathisierten. Er war ein Opportunist, Kettenraucher und liebte die frische Brise über den masurischen Seen.

Auf einem alten Photo trägt Zbigniew Nienacki eine Brille mit starken Gläsern, die ihn ein wenig wie einen Maulwurf ins Objektiv schauen lassen. Er hatte sich gerade auf die Couch im Zimmer seines Gartenhäuschens gesetzt, das spärlich eingerichtet ist. Er trägt funkelnagelneue Tennisschuhe kommunistischer »Machart« und einen dicken Pulli mit Reißverschluß. Sein Mund ist leicht geöffnet, wie bei Menschen, die leichte Atemprobleme haben, ein Hinweis auf seine spätere Herzerkrankung, der er schließlich erliegen sollte.

Der Held in Nienackis Romanen hieß Pan Samochodzik, was frei übersetzt »Herr kleines Auto« bedeutet. Pan Samochodzik war ein grauer, unscheinbarer Beamter des Warschauer Kunstministeriums, der den lieben langen Tag am Schreibtisch verbrachte. Hin und wieder flatterte auf seinen Schreibtisch eine mysteriöse Nachricht von einem verborgenem Schatz. Dann verließ er sein Büro, holte sein Auto aus der Garage und fuhr dorthin, wo »das Abenteuer« auf ihn wartete. Und das war meistens Masuren oder die Gegend um die Marienburg.

Mit jedem Kilometer, den er sich von Warschau und seinem Büro entfernte, »füllte sich seine Lunge mit frischer Luft« und »der Kopf wurde klarer«. Pan Samochodziks Wagen (der ihm auch seinen Spitznamen gab) war nicht gerade eine Luxuslimousine. Äußerlich eher ein Wrack, die Kreuzung eines »Kanus mit einem Zelt«, war es das ewige Spottobjekt an allen Tankstellen, an denen Pan Samochodzik vorfuhr, wenn er Benzin brauchte. Aber der Wagen war wie sein Herrchen. Außen grau und unscheinbar, aber unter der Motorhaube schlummerte der Motor eines Ferrari. Zwölf Zylinder beschleunigten den Wagen in Sekundenschnelle auf zweihundert Stundenkilometer, wobei Pan Samochodzik nie wehmütig anzumerken vergaß, wie sehr ihm der hohe Benzinverbrauch auf die Brieftasche drückte. Dafür konnte das Auto sogar schwimmen, weil es hinten eine eingebaute Schiffsschraube besaß.

Die Abenteuer von Pan Samochodzik verliefen stets nach dem gleichem Muster. Er hatte sogar immer Feinde, die sich ähnelten. Entweder war es ein ausländischer Spion, der aus dem kapitalistischen Westen kam, oder der hochbegabte, gutaussehende und vermögende Rivale namens Batura, mit dem er früher mal zusammen Kunstgeschichte studiert hatte. Zu seinen Freunden zählten immer die Jugendlichen, unter ihnen drei aufgeweckte Pfadfinder. Und dann waren da noch die Frauen.

Die unerreichbare Schönheit aus dem Westen, die spitzbübische Göre, die Pan Samochodziks hoffnungslose Liebe zu der ersteren durchschaute und sich über ihn lustig machte, und die dritte, eine »weibliche Frau«, die am Ende immer bei Pan Samochodzik blieb, ohne daß man je erfuhr, was nachher geschah.

Viel später schrieb Zbigniew Nienacki dann noch ein Buch für Erwachsene, in dem er sich als Erotomane outete, aber das ist eine andere Geschichte.

Was aber war so besonders an Pan Samochodzik? Nienacki hat in seinen Geschichten eine Zeit festgehalten, nach der sich heute eine ganze Generation von Polen paradoxerweise noch immer sehnt. Das Leben in einer Diktatur. Autoritäre Regime haben eine beängstigende Eigenschaft. Sie heben den Unterschied zwischen dem Kind und dem Erwachsenen auf. Sie unterbinden die Eigeninitiative und verwandeln ein ganzes Volk langsam in eine Gruppe von Unreifen.

Pan Samochodzik pflegte unwissentlich diese Unreife. Egal, ob er den »Goldenen Handschuh« suchte oder das Tagebuch eines Naziverbrechers, er zeigte schnell Symptome einer Flucht vor der Adoleszenz. Er verfluchte die Mücken, schwärmte aber über die Natur, bekanntlich der allerliebste Zufluchtsort der Unreifen. Wenn er mit einer Frau redete, hatte man stets das Gefühl, er unterhalte sich mit seiner Mutter. Er beschrieb überaus einfühlsam (wie es nur Kinder und Jugendliche können) die Fahrt durch die von Weizenfeldern gesäumte Straße nach Marienburg (Malbork). Seine Gefühle und seine Bilder waren echt, die Welt war es nicht.

Zbigniew Nienacki hatte den Untergang des Kommunismus nur noch bruchstückhaft erlebt. War dies sein Glück oder sein Pech? Würde sich Pan Samochodzik heute als ein Opfer eines zum Kindsein verurteilten Volkes bezeichnen? Müßte er zugeben, daß er auf dem Photo das Gesicht eines Mannes hat, der alt, aber nicht erwachsen geworden ist? Man wird es nie erfahren.

Auf dem Photo hängt neben dem Autor ein alter, ausgedienter Rettungsanker. Darauf steht in schwarzer Krakelschrift geschrieben: Pan Samochodzik. Poland. Zbigniew Nienacki braucht ihn nicht mehr. Aber seine inzwischen alt gewordenen Leser brauchen immer noch Pan Samochodzik.

Denkwürdige Karrieren

Polen gibt es zweimal. Und das nicht im übertragenen Sinn. Außerhalb der Heimat leben heute fast so viele Polen wie im Land selbst. Unter ihnen sind nicht nur Bauarbeiter oder Autohändler, sondern auch solche, die zum Ruhm und Wohlstand anderer Staaten beigetragen haben. Da wäre zum Beispiel der polnische Offizier und Flüchtling Antoni Patek, der Mitte des neunzehnten Jahrhunderts in Genf eine kleine Uhrenfirma gründete, die heute Patek Philippe heißt und auf die die Schweizer heute stolzer sind als auf ihren Emmentaler.

Da ist der aus der polnischen Kleinstadt Szczecinek stammende Astronom Alexander Wolszczan, der Ende des zwanzigsten Jahrhunderts seiner amerikanischen Heimatuniversität Pennsylvania zu weltweitem Ruhm verhalf, als er die Existenz der ersten Planeten außerhalb des Sonnensystems nachwies.

Ohne polnische Mithilfe würde nicht nur die Gründungsgeschichte der Vereinigten Staaten anders aussehen, sondern auch Hollywoods Filme, wenn nicht bei Erfolgen wie »Jurassic Park«, »Schindlers Liste« oder »Pulp Fiction« die polnischen Kameraleute Andrzej Sekula oder Janusz Kaminski gestanden wären.

Allein nach dem Zweiten Weltkrieg erlebte das Land zwei große Auswanderungswellen, im Zuge derer über zwanzig Millionen Polen ihre Heimat verließen. Darunter waren viele jüdische Bürger, wie zum Beispiel in den sechziger Jahren ein unbekannter Journalist namens Marcel Reich-Ranicki, den es nach Berlin verschlug.

Dennoch gibt es eine Anzahl von denkwürdigen polnischen Karrieren, die nicht durch geschichtliche Turbulenzen erzwungen worden sind, sondern einfach einen eigenständigen und skurrilen Lauf nahmen. Jeder in Wien kennt den polnischen König Jan Sobieski, der Europa 1683vor der türkischen Übermacht gerettet hat. Aber was sagt den Wienern schon der Name Franciszek Kulczycki. Dabei war es dieser kleine, aber geschäftstüchtige Soldat in Sobieskis Armee, der den Wienern etwas schenkte, wofür sie sich heute womöglich freiwillig zurück unter türkische Herrschaft begeben würden.

Eigentlich war Franciszek Kulczycki ein Spion, von dem sich sogar James Bond einiges hätte abschauen können. Er hatte seine Arbeit so gut gemacht, daß er sich nach dem Sieg über die Türken alles wünschen durfte, was er wollte. Während sich die Edelleute wie üblich um Schmuck und Gold rauften, zweigte Kulczycki sich ein paar Jutesäcke mit »schwarzem Korn« ab. Dieses Korn hatte eine besondere Eigenschaft. Wenn man es erhitzte und mit Wasser aufgoß, verwandelte es sich in Kaffee.

Kulczycki wäre aber nur halber Geschäftsmann gewesen, wenn er es dabei belassen hätte. Also mietete er ein Lokal, in das man sich hineinsetzen und in aller Ruhe das exotische Gebräu trinken konnte. Das war das erste Kaffeehaus Wiens und ganz Mitteleuropas. Wenn man bedenkt, daß ein Leben ohne Kaffee nirgendwo in Mitteleuropa mehr vorstellbar wäre, müßte Kulczycki sogleich in jeder Metropole ein Denkmal errichtet werden. Ruhig auch in Polen. Es würde die Qualität des polnischen Kaffees erheblich verbessern.

Knapp hundert Jahre später nahm die nächste denkwürdige Karriere, die eines Tages der Welt nutzen sollte, ihren Lauf. Der in Litauen geborene polnische Edelmann Tadeusz Kośćiuszko bekam als junger Student ein Stipendium in Paris, was zwei Dinge zur Folge hatte: die Liebe zu fremden Ländern und die etwas pathetisch klingende Ansicht, Freiheit sei das höchste Gut des Menschen. Es war ein Glück für Kośćiuszko, daß er in einer Zeit lebte, zu der europaweit Unabhängigkeitskriege geführt wurden.

Kośćiuszko wählte aber ausgerechnet den Unabhängigkeitskrieg zwischen Amerika und England. Er segelte über den Ozean und ließ sich als Ingenieur in die amerikanische Freiheitsarmee aufnehmen. Dort nahm er teil an der legendären Schlacht um Saratoga und brachte es als erster und vorerst letzter Pole zum Rang eines amerikanischen Generals. Er gilt als Mitbegründer der berühmtesten Militärakademie Amerikas, West Point, und war neben George Washington der einzige, bei dessen Tod eine landesweite Staatstrauer angeordnet wurde. Nachdem Kościuszko sich in Amerika ausgezeichnet bewährt hatte, kehrte er schließlich wieder zurück nach Europa, wurde zum Oberbefehlshaber der polnischen Armee und stemmte sich jahrelang erfolgreich gegen die russische Besatzungsmacht. Am Ende seines Lebens zog er sich in ein kleines Städtchen in der Schweiz zurück, wo er in aller Ruhe seinen Lebensabend verbrachte und sich seiner Lieblingsbeschäftigung widmete: dem Züchten von Gladiolen. Nach seinem Tod sollte sein Name noch einmal Karriere machen.

Denn einige Jahrzehnte später entdeckte der polnische Abenteurer Jan Strzelecki den höchsten Berg Australiens und benannte ihn nach seinem großen Landsmann: Mount Kościuszko nennen heute die Australier ihren höchsten Gipfel – und glauben sicher bis heute, daß dieser Zungenbrecher von den Aborigines stammt.

Die dritte denkwürdige polnische Karriere ist wohl auch in Westeuropa gut bekannt. Es geht um eine junge, schweigsame Frau, die eines Tages in Warschau in den Zug stieg, um nach Paris zu fahren. Sie hatte ein festes Ziel: Physik zu studieren. Aber offenbar war man im liberalen Frankreich gegenüber selbstständigen Frauen ebenso skeptisch eingestellt wie in Polen.

Während der nächsten Jahre und Jahrzehnte zeigte Maria Skłodowska Frankreich und ganz Europa, was es bedeutet, sich ein Ziel in den Kopf zu setzen. Sie wurde nicht nur eine der ersten Frauen, die einen Abschluß an der Sorbonne mit Auszeichnung bestanden, sie machte auch als eine'der ersten Frauen in Frankreich den Führerschein und hatte den Mut, sich als Witwe eines berühmten Mannes auf eine neue Affäre einzulassen.

Im Ersten Weltkrieg rettete Maria Skłodowska-Curie Tausende von Menschenleben, indem sie mit einem speziell eingerichteten Krankenwagen den ersten mobilen Röntgenapparat einsetzte. Sie prägte den Begriff »Radioaktivität«, und Albert Einstein behauptete von ihr, sie sei »der einzige Mensch, den der Ruhm nicht korrumpiert hätte«. Ihre Verdienste für die Wissenschaft waren zu dieser Zeit bereits legendär. Sie bekam als erste Frau den Nobelpreis für Chemie und Physik – um diese Leistung ein paar Jahre später zu wiederholen. Die nächste Frau, die einen Nobelpreis in Physik bekommen sollte, kam erst zwanzig Jahre später. Sie hieß Joliot Curie und war Maria Skłodowska-Curies Tochter.

Die denkwürdigen Karrieren fanden in den vergangenen zwanzig Jahren ihre Fortsetzung. Besonders bemerkenswert war, daß sie auf einmal in Polen stattfanden. Im Laufe der letzten Jahre erscheinen viele Ausländer im Land an der Weichsel, um ihr Glück zu machen. Damit sind keineswegs die zahlreichen deutschen oder amerikanischen Rechtsanwälte und Banker gemeint, die es in Polen weit gebracht haben, sondern jene Kurzbesucher oder Rucksacktouristen, die Polen nur einen kurzen Besuch abstatten wollten. So wurde der ehemalige Theologiestudent Steffen Möller aus Wuppertal zu einem der beliebtesten Schauspieler Polens. Seit Jahren spielt er Rollen in den wichtigsten polnischen Sitcoms und Talkshows, wo er in einem nahezu akzentfreien Polnisch alle möglichen Klischees, unter denen die Deutschen weltweit zu leiden haben, pulverisiert. Er hat Humor, und scheint sogar gewisse slawische Eigenschaften zu besitzen, etwa die notorische Neigung zu Chaos und Faulheit. Ob er einfach gut schauspielert oder wirklich so ist, spielt in Polen keine Rolle.

Brian Scott, ein Afrikaner, gründete den Radiosender RMMFM, der inzwischen einer der größten und populärsten des Landes ist. Ein anderer Afrikaner, Olisabebe, wurde zum polnischen Fußballnationalstürmer und war bei der letzten Fußballweltmeisterschaft der beste polnische Feldspieler. Diese Liste ließe sich endlos fortsetzen und führt zu einem Schluß, den man aus polnischer Sicht als durchaus denkwürdig bezeichnen kann. Polen fängt offenbar selber an, Karriere zu machen. Die

Gründe dafür sind überraschend. Abgesehen von der Annäherung an den westeuropäischen Lebensstandard, sprach Steffen Möller vor allem von einem »lockeren« und »spannenden« Land. Andere erwähnen wiederum eine spezielle »Atmosphäre«, wie es sie in Westeuropa nirgendwo gibt. Und nur wenige nennen den wahren Grund beim Namen: die slawische Seele. Erklären kann man sie nicht, man kann ihr höchstens »begegnen«. Sollten Sie am Ende Ihres Polenaufenthalts diese »Begegnung« noch nicht gemacht haben, dann tun Sie das, was weise Reisende in diesem Fall tun würden. Bleiben Sie noch einen Tag länger.

Die Legende vom versunkenen Ghettoblaster

Um für dieses Büchlein ein passendes Ende zu finden, suchte ich einen großen polnischen Schriftsteller auf, in der Hoffnung, er würde mir dabei helfen. Er war nicht leicht zu erreichen, ganz so, als wüßte er um die Schwere dieser Aufgabe. Ich probierte es telefonisch, per Brief und schickte ihm sogar eine Mail, was gewiß ein Akt der Verzweiflung war, denn er schaut so gut wie nie in seinen Computer.

Am Ende blieb mir nichts anderes übrig, als das zu tun, was alle verzweifelten Bewunderer tun: in seine Heimatstadt zu fahren, eine Lesung aufzusuchen und auf ein Wunder zu hoffen. Ich fuhr nach Krakau und hatte Glück: Es gab einen Auftritt im Rathaus. Das bedeutete einen riesigen Menschenauflauf, war aber besser als nichts. Schließlich war alles, was ich brauchte, ein Satz, den ich ans Ende dieses Buches stellen würde. So schwer konnte das doch nicht sein.

Ich setzte mich bei der Lesung in die erste Reihe, damit der Meister mich nicht übersehen konnte. Trotzdem ignorierte er mich von Anfang an, indem er großes Interesse an seinem eigenen Text vortäuschte. Aber je mehr er mich ignorierte, desto mehr hatte ich den Verdacht, daß er ahnte, wer ich war. Manche Schriftsteller verfügen diesbezüglich über einen sechsten Sinn. Sie riechen den lästigen Fan auf mehrere Kilometer Entfernung. Ich versuchte mir nichts anmerken zu lassen und ließ zwecks Ablenkung ab und zu den Blick über den Saal schweifen. Der war voll mit meinen Landsleuten, die aufmerksam zuhörten. Ich fragte mich, ob ich sie mit meinem Büchlein halbwegs getroffen habe. Jetzt, wo ich sie so hier sitzen und zuhören sah, war ich mir dessen gar nicht mehr sicher. Ja, ich fragte mich, ob so etwas überhaupt möglich ist. Die eigene Heimat ins Herz zu treffen, gelingt nur, wenn man weiß, wie sie ist. Und wer weiß das schon?

Als die Lesung zu Ende war, signierte der Meister unendlich lange seine Bücher. Ich trat als letzter zu ihm hin, legte ihm sein letztes Buch vor (das ich für ganze dreißig Złoty erstanden habe) und sagte: »Schreiben Sie nur einen Satz hinein. Einen Satz, den ich zitieren könnte. Ich habe nämlich auch ein Buch geschrieben.«

Der Meister sah auf, und ich erkannte zwei Dinge.

Daß er aus der Nähe älter aussah, als er tatsächlich war, und daß er sich an mich erinnerte.

»Ich weiß, wer Sie sind«, sagte er. »Sie belästigen mich schon seit einer Weile.«

»Dann wissen Sie wahrscheinlich«, spielte ich meinen letzten Trumpf aus, der eigentlich schon eine Erpressung war, »daß Sie in meinem Buch vorkommen werden, genauso wie alles, was Sie zu mir sagen.«

Diese alberne Drohung entwaffnete ihn. Er sah mich noch einmal an, diesmal viel freundlicher und hob den Finger.

»Warten Sie hier.«

Er ging zu ein paar Wichtigtuern, die ihn sofort umringten. Aber nach einer Minute kam er zurück. Die Wichtigtuer schauten ihm mit versteinerten Gesichtern nach.

»In Ordnung«, sagte er und sah auf die Uhr. »Ich muß noch etwas erledigen. Wenn Sie mir dabei helfen, einen Ghettoblaster zu kaufen, sehe ich, was sich machen läßt.«

Ich nickte eifrig. Ich hatte zwar keine Ahnung, was ein Ghettoblaster war, und schon gar nicht, wie mir das weiterhelfen sollte. Aber was tat man schließlich nicht alles für einen Schlußsatz.

Der Meister verabschiedete sich noch von einigen düster dreinschauenden Männern, die wie Sponsoren aussahen, gab im Gehen noch ein paar Autogramme, und ein paar Minuten später standen wir auf dem Krakauer Markt, jenem Ort, an dem die Kneipen nie schließen.

Der Meister schlug einen Weg durchs Zentrum ein. Er mußte Krakau wie seine Westentasche kennen. Ich folgte ihm durch die Altstadt wie ein Ministrant einem Kardinal. Wir durchquerten die Tuchhallen und bogen in eine dieser Gassen ein, die abends geheimnisvoll aussehen und das verbreiten, was man in Reiseführern Atmosphäre nennt. Der Meister starrte auf den Boden, als würde er sich auf etwas konzentrieren.

»Sie erwarten also von mir ein Schlußwort über unsere bemerkenswerte Heimat?« fragte er mich.

»Nun, das wäre phantastisch.«

»Sie möchten so etwas in der Art hören wie ›Packen Sie Ihren Samsonitekoffer und fahren Sie nach Polen‹ oder ›Man plant nicht die Reise, die Reise plant einen‹.«

»Der zweite Satz klingt schon sehr interessant.«

»Aber nicht unbedingt originell.«

»Es wäre aber immerhin von Ihnen.«

Der Meister lächelte schwach über diese offenkundige Speichelleckerei.

»Was haben Sie in diesem Büchlein bereits alles erwähnt?«

»Einiges über unsere Geschichte. Und dann über das Land und unser Essen. Ich habe auch das Autoklauproblem angeschnitten.«

»Ach ja. Unsere rührenden Autodiebe. Wenn sie schon klauen müssen, könnten sie sich wenigstens anständiger anziehen. Wie ihre italienischen Kollegen zum Beispiel. Aber die Italiener haben ja auch Leonardo da Vinci hervorgebracht und wir Adam Malysz. Da fällt mir ein, haben Sie unseren polnischen Minderwertigkeitskomplex erwähnt?«

»Ich fühlte mich dem offengestanden nicht gewachsen.«

»Hätte ja auch nichts gebracht. Haben Sie wenigstens versucht, humorvoll zu sein? Das sind wir Slawen doch. Schrecklich humorvoll.«

»Ich fürchte, das habe ich vergessen. Aber dafür habe ich versucht, ein wenig die polnische Seele auszuloten.«

»Gratuliere.«

»War das nicht gut?«

Der Meister blieb für einen Moment stehen: »Doch, warum nicht? Ich bin nur gespannt, ob es Ihnen gelungen ist. Was haben Sie da noch geschrieben? Überraschen Sie mich endlich.«

»Daß zwei Drittel aller Störche in Polen nisten.«

Der Meister marschierte weiter.

»Das war klug von Ihnen. Störche werden Ihr Buch nicht lesen. Was noch? Auch etwas über den wackeren polnischen Wolf?«

»Den habe ich ausgelassen.«

»Hoffentlich auch die polnische Kultur?«

»Die auch.«

»Gut. Sie ist nämlich wie der Wolf. Steht kurz vor ihrer Ausrottung.«

Wir kamen zu einer Brücke, die auf das andere Weichselufer führte. Es war ein warmer Juniabend. Der Himmel war trotzdem nicht klar.

»Wie alt sind Sie eigentlich?« wechselte der Meister plötzlich das Thema.

»Mit jedem Tag, an dem ich das Buch nicht fertig habe, werde ich um ein Jahr älter.«

»So dürfen Sie das nicht sehen. Aber das lernen Sie noch. Die eigene Heimat zu beschreiben, ist das Schwierigste, was es gibt. Das Problem mit der Heimat ist, daß man sie grundsätzlich nicht ausstehen kann und trotzdem nicht von ihr loskommt.«

»So einen Satz würde ich gern reinschreiben, wenn es kein Reiseführer wäre.«

»Zitieren Sie ihn dennoch. Aber nicht als letzten. Dazu fällt mir etwas Besseres ein.«

»Ich bin ganz Ohr.«

»So schnell geht das nicht. Dafür brauchen wir noch einen ganz bestimmten Gegenstand. Folgen Sie mir.«

Er ging schneller, und wir verließen die Brücke wieder. Für einen Schriftsteller seines Ranges ging er wirklich erstaunlich schnell.

Den übrigen Weg gab er sich einsilbig und fragte mich überhaupt nicht mehr nach meinem Buch. Unterwegs durch die Gassen Krakaus fiel mir auf, was ich noch alles hätte erwähnen können. Ich hätte ruhig mehr über Krakau schreiben können, und vor allem über die Salzminen von Wieliczka, die nicht weit weg lagen. Natürlich hätte ich es nicht an die große Glocke gehängt, daß sie fast die ältesten und größten der Welt waren. So etwas beeindruckt niemanden mehr, weil es heutzutage von den ältesten und größten Dingen nur so wimmelt. Aber ich hätte um mein Leben gern die Fahrt mit dem Lift nach unten beschrieben. Während man in völliger Dunkelheit in einem engen Kasten hinabrast, hat man nur zwei Möglichkeiten. Entweder man bricht in Panik aus oder man findet sich damit ab. Und das ist genau das Problem, das neunzig Prozent der Besucher haben.

Der Meister bog in eine Gasse ein, die voller billiger Elektronikgeschäfte war. Ich kannte dieses Viertel überhaupt nicht. Also hatte Krakau auch schon sein kleines Hongkong. Plötzlich blieben wir vor einem heruntergekommenem Laden stehen, und der Meister trat ein.

Er ging zielsicher zu einem Regal, auf dem ein tragbares Radio mit zwei Lautsprechern und einer Antenne stand, die länger war als ein Mast. Es war genau das gleiche Ding, das sich braungebrannte Teenager auf Mallorca auf die Schulter laden und solange damit herumlaufen, bis sie die Aufmerksamkeit der Strandpolizei oder einer Blondine erregen. Auf jeden Fall war das bestimmt nichts, was sich einer der berühmtesten Schriftsteller des zwanzigsten Jahrhunderts kaufen würde. Noch dazu war das so ungefähr das häßlichste Ding Elektronik, das Taiwan je hervorgebracht hatte. Aber der Meister schwebte in den Wolken.

»Das, junger Kollege, ist ein Ghettoblaster«, sagte er

und klang wie Charlton Heston, der einst in einem Hollywoodschinken Moses spielte und eines Tages stolz dem jüdischen Volk verkündete: »Und das, meine Kinder, sind die zehn Gebote.«

»Beachten Sie das Kassettendeck«, schwärmte der Meister. »Wir verfügen weiter über einen CD-Player, ein Radio und sogar einen Ventilator, den wir unter Umständen auch als Föhn verwenden könnten.«

Der Verkäufer, der ein paar Schritte entfernt stand, rang sich ein süßliches Lächeln ab. Er versuchte, den Meister einzuordnen. Ältere Männer, die sich so merkwürdig ausdrückten und wie Sherlock Holmes gekleidet waren, schneiten ihm nicht jeden Tag ins Geschäft.

»Besitzt dieses Gerät eine Garantie?« wandte sich der Meister an den Verkäufer.

»Bei dem Preis?« gab dieser schlagfertig zurück.

»Umso besser«, freute sich der Meister und hob den Finger: »Es ist nicht der Wohlstand und die westliche Zivilisation, die aus dem Menschen einen Weichling gemacht hat, sondern die Garantieleistung.«

Er wandte sich wieder an den Verkäufer, der ihn unter halb gesenkten Lidern beobachtete: »Packen Sie das gute Stück ein.«

In dem Verkäufer erwachte plötzlich jener Trotz, den häufig schwerarbeitende Menschen gegenüber Intellektuellen an den Tag legen.

»Ich habe nichts zum Einpacken. Nur einen Karton von einem Fernseher, den ich gestern verkauft habe.«

»Ein Karton wäre wunderbar. Wie viel bin ich schuldig?«

»Fünfhundert Złoty.«

»Fünfhundert Złoty!« entfuhr es mir. »Das ist ein bißchen viel, oder?«

»Ganz und gar nicht«, sagte der Meister und lächelte dem Verkäufer zu, der zum ersten Mal mit dem Meister einer Meinung war.

Während der Verkäufer den Ghettoblaster in dem Karton unterbrachte, überlegte ich langsam, ob ich nicht einen Fehler begangen hatte. Der Meister wirkte beim Anblick seines Ghettoblasters aufgedreht wie ein Kind. Er schien sein Versprechen, das er mir gerade gegeben hatte, vergessen zu haben.

»Los«, sagte er, und wir verließen wieder das Geschäft. Wir nahmen diesmal eine andere Straße und kamen zu einer anderen Brücke, die uns ins Zentrum zurückführte. Aber anders als bei der ersten blieb der Meister plötzlich in der Mitte stehen, stellte den Karton ab und sagte:

»Ich möchte Ihnen was zeigen.« Er wies mit einer Reiseführergeste auf das andere Ufer.

»Was halten Sie davon?«

Ich sah hinüber. Schräg gegenüber lag die Burg Wawel. In jedem Reiseführer steht, daß es die berühmteste Burg Polens ist. Sie war beleuchtet, wie Burgen eben in schönen Städten beleuchtet werden. Entlang des Flusses schlenderten Leute. Die Bänke waren von Liebespärchen besetzt. Der Meister atmete die Krakauer Luft ein, als wäre sie parfümiert.

»Sie kommen wohl öfter hierher?« fragte ich ihn.

»Nein!« rief er freudig aus und sah sich auf einmal um:

»Offengestanden, ich bin zum ersten Mal da.«

»Aha.«

»Kommen Sie. Wir müssen ihn herausnehmen.« Er zeigte auf den Karton. Ich packte von der anderen Seite an, und wir schälten den Ghettoblaster mühevoll aus dem Karton. Der Meister drückte aufs Geratewohl ein paar Knöpfe, und plötzlich dröhnte Musik aus den Lautsprechern. Es war das Lied eines gerade erfolgreich hochgeschaukelten polnischen Popstars.

»Unglaublich. Die Batterien sind schon dabei«, freute sich mein Idol. »Los. Heben wir ihn hoch.«

Ich griff am anderen Ende des Ghettoblasters zu, und wir hievten ihn mit vereinten Kräften auf das Geländer.

»Und jetzt drehen wir ihn mit den Lautsprechern zur Burg Wawel«, sagte der Meister, und ich führte seinen Befehl aus.

»So, das reicht«, sagte er dann und wischte sich den Schweiß ab, der ihm bei dieser Turnübung auf die Stirn getreten war. Wir sahen einander an. Zwei kurzatmige Literaten an einem Sommerabend in Krakau.

»Und nun, junger Kollege. Treten Sie mal zur Seite.«

Der Meister umfaßte mit beiden Händen das eine Ende des Ghettoblasters und schob ihn über das Geländer. Der Ghettoblaster schaute gefährlich auf die andere Seite hinüber, wankte einen Moment und fiel dann in einem majestätischen Bogen ins Wasser.

»Fünfhundert Złoty!« rief ich.

»Meine fünfhundert Złoty«, verbesserte der Meister.

Ich stürzte ans Geländer und sah hinunter auf die Weichsel. Nachdem der Ghettoblaster untergegangen war, hatte er es geschafft, sich wie durch ein Wunder an die Oberfläche zu kämpfen. Er hatte offenbar viel Hohlraum. Und er spielte noch, wenn auch etwas dumpf, während er Richtung Wawel trieb.

Ich betrachtete den Meister entgeistert. Dieser hatte inzwischen aus der Tasche eine Zigarette hervorgezaubert. Er blies den Zigarettenrauch in den Abendhimmel und sah großartig aus. Ich wußte nicht, was das zu bedeuten hatte, aber ich hätte ihn für diese Vorstellung umarmen können.

»Ein Ghettoblaster weniger auf der Welt«, sagte ich.

»Da machen Sie sich keine Illusionen. Die werden schon morgen nachbestellen.« – »Ich dachte, wir Slawen denken gar nicht an morgen.« – »Sehen Sie mal. Ist das nicht ein herzerbauender Anblick?«

Der Meister zeigte auf die Stelle, wo der Ghettoblaster war. Er hielt sich immer noch über Wasser. Er trieb unbemerkt an den Menschen vorbei, die auf den Bänken am Ufer saßen. Als er die Kurve zur Wawelburg nahm, drehte er sich plötzlich um die eigene Achse und ging unter wie ein Stein.

»Sie brauchen also einen Satz«, wandte sich der Meister plötzlich an mich.

»Allerdings.«

»Sie könnten das schildern, was wir hier gerade gemacht haben und mit einem ›Du wirfst nur einmal im Leben einen Ghettoblaster in einen Fluß‹ enden. Aber es würde nicht erklären, wie wir gerade eine der interessantesten Eigenschaften der slawischen Seele enthüllt haben.«

»Unsere Abneigung gegen asiatisches High Tech oder unsere Unberechenbarkeit?«

Der Meister brachte mich mit einer knappen Geste seiner berühmten Schreibhand zum Schweigen. »Wenn Sie nicht spotten würden, würden Sie sehen, daß Sie gar nicht mal so weit von der Wahrheit entfernt sind. Man muß es nur eleganter formulieren.«

»Ich bin schon dabei, mein Notizheft herauszuholen.«

»Es ist dieses gewisse Etwas, das uns zwingt, Dinge zu tun, die wir am Ende selber nicht verstehen.«

»Und darum haben wir jetzt ein Radio in die Weichsel versenkt?«

»Wozu denn sonst? Damit Sie es überall herumerzählen?«

Bereits erschienen:

Gebrauchsanweisung für...

Amerika
von Paul Watzlawick

Amsterdam
von Siggi Weidemann

Barcelona
von Merten Worthmann

Bayern
von Bruno Jonas

Berlin
von Jakob Hein

die Bretagne
von Jochen Schmidt

Brüssel und Flandern
von Siggi Weidemann

China
von Kai Strittmatter

Deutschland
von Maxim Gorski

Dresden
von Christine von Brühl

das Elsaß
von Rainer Stephan

England
von Heinz Ohff

Frankreich
von Johannes Willms

Gardasee
von Rainer Stephan

Genua und die Italienische Riviera
von Dorette Deutsch

Griechenland
von Martin Pristl

Hamburg
von Stefan Beuse

Indien
von Ilija Trojanow

Irland
von Ralf Sotscheck

Italien
von Henning Klüver

Japan
von Gerhard Dambmann

Kalifornien
von Heinrich Wefing

Katalonien
von Michael Ebmeyer

Köln
von Reinhold Neven Du Mont

Leipzig
von Bernd-Lutz Lange

London
von Ronald Reng

München
von Thomas Grasberger

01/0002/09/L

Neapel und die Amalfi-Küste
von Maria Carmen Morese

New York
von Verena Lueken

Niederbayern
von Teja Fiedler

Nizza und die Côte d'Azur
von Jens Rosteck

Norwegen
von Ebba D. Drolshagen

Österreich
von Heinrich Steinfest

Paris
von Edmund White

Polen
von Radek Knapp

Portugal
von Eckhart Nickel

Rom
von Birgit Schönau

das Ruhrgebiet
von Peter Erik Hillenbach

Salzburg und das Salzburger Land
von Adrian Seidelbast

Schottland
von Heinz Ohff

Schwaben
von Anton Hunger

Schweden
von Antje Rávic Strubel

die Schweiz
von Thomas Küng

Sizilien
von Constanze Neumann

Spanien
von Paul Ingendaay

Südfrankreich
von Birgit Vanderbeke

Südtirol
von Reinhold Messner

Tibet
von Uli Franz

Tschechien und Prag
von Jiří Gruša

die Türkei
von Iris Alanyali

Umbrien
von Patricia Clough

Venedig
von Dorette Deutsch

Wien
von Monika Czernin

01/0002/09/R

Monika Czernin

Gebrauchsanweisung für Wien

191 Seiten. Gebunden

Eine Melange trinken, wo Joseph Roth den »Radetzkymarsch« verfaßte; sich im Dreivierteltakt um die eigene Achse drehen, wo die Hautevolee auf rauschende Bälle geht. Hier hat Adolf Loos mit seiner Architektur Skandale ausgelöst, hier gehört heftiges Debattieren immer noch zum Alltag wie der weiße G'spritzte zum Tafelspitz. Wien – eine Stadt zwischen Nostalgie und Moderne. Monika Czernin, selbst aus einer alten österreichischen Familie, weiß, was den Wiener heute umtreibt, warum Oberkellner respektierte Persönlichkeiten sind, Obdachlose standesbewußt und fesche Ministersekretäre immer Karriere machen. Hier erfahren Sie, was der »Schmäh« wirklich ist, warum man »Sackerl« und nicht Plastiktüte sagen sollte und wieso Wien heute der absolute Geheimtip ist.

C1/1283/01/L

PIPER

Jiří Gruša

Gebrauchsanweisung für Tschechien und Prag

219 Seiten. Gebunden

Tschech heißt der Stammvater der Tschechen, und mit ihm beginnt Jiří Gruša sein Buch: »Milch und Honig im Überfluß« meldet Tschech alttestamentarisch aus seiner Heimat. Nach ihm erkannten das auch viele andere, Tschechien wurde zum »Durchhaus Europas«, ein Ort, an dem sich die Kulturen mischten und gegenseitig inspirierten. Herausgekommen ist am Ende laut Gruša der moderne Tscheche, der Bastler, Tüftler und Praktiker, den er liebenswert als optimistischen Nörgler bezeichnet, ein Nachfahre des braven Soldaten Schwejk, dem ein wundervolles Kapitel gewidmet ist. Gruša entfacht in seiner Gebrauchsanweisung ein Feuerwerk an Zusammenhängen, Anspielungen und handfesten Informationen über sein Heimatland. Von der bewegten Geschichte über die reiche Literatur und von der zungenbrecherischen Sprache erfährt der Leser höchst Wissenswertes und manches ungeahnte Detail über unsere östlichen Nachbarn. Und am Ende sind alle sprichwörtlichen böhmischen Dörfer beseitigt. Die übrigens nennen sich in Tschechien spanische Dörfer. Der Böhme Jiří Gruša muß es wissen.

01/1276/02/R